KB053437

Chart Interpretation Handbook

출생 차트 해석하기

"천문 해석은 우리가 다 다르다는 것을 배우는 것입니다.
자기 고유의 삶을 사시기를."

– 정창영

천문 해석을 위한 가이드라인

출생 차트 해석하기

스티븐 아로요 지음

정창영 옮김

무지개다리너머

출생 차트 글리프

12싸인	10행성	어스펙트
♈ 에리즈Aries	☉ 썬Sun	☌ 컨정션Conjunction, 0°
♉ 토러스Taurus	☽ 문Moon	⚺ 세미섹스타일Semi-sextile, 30°
♊ 제머나이Gemini	☿ 머큐리Mercury	✳ 섹스타일Sextile, 60°
♋ 캔서Cancer	♀ 비너스Venus	□ 스퀘어Square, 90°
♌ 리오Leo	♂ 마스Mars	△ 트라인Trine, 120°
♍ 버고Virgo	♃ 주피터Jupiter	⚻ 퀸컹크스Quincunx, 150°
♎ 리브라Libra	♄ 쌔턴Saturn	☍ 어퍼지션Opposition, 180°
♏ 스콜피오Scorpio	♅ 유레너스Uranus	
♐ 쌔저테리어스Sagittarius	♆ 넵튠Neptune	
♑ 캐프리컨Capricorn	♇ 플루토Pluto	
♒ 어퀘리어스Aquarius		
♓ 파이씨즈Pisces		

※ 출생 차트 드로잉은 'birth chart' 'natal chart' 'horoscope chart' 등으로 검색하면 무료로 그려 주는 사이트들을 찾을 수 있습니다.

※ 일반적으로 알려져 있는 12별자리는 태양(썬)이 어느 싸인에 들어 있는지를 말하는 것입니다.
에리즈(양자리, 3.20-4.20)　　　토러스(황소자리, 4.20-5.21)　　　제머나이(쌍둥이자리, 5.21-6.21)
캔서(게자리, 6.21-7.22)　　　　리오(사자자리, 7.22-8.23)　　　버고(처녀자리, 8.23-9.23)
리브라(천칭자리, 9.23-10.23)　　스콜피어(전갈자리, 10.23-11.22)　쌔저테리어스(사수자리, 11.22-12.21)
캐프리컨(염소자리, 12.21-1.20)　어퀘리어스(물병자리, 1.20-2.19)　파이씨즈(물고기자리, 2.19-3.20)
겹치는 날에 태어난 사람들은 출생 연도와 시간에 따라 자신의 정확한 썬 싸인(별자리)을 찾아보아야 합니다.

추천글

이 책은 분명 고전이 될 것이다. … 그의 표현은 간결하고, 설명은 통찰력으로 넘친다. 당신이 천문 해석 공부를 이제 막 시작한 초보자이건, 스스로 더 깊이 탐구하려는 사람이건, 더 많은 것을 알기를 원하는 해석자이건, 이것은 당신을 위한 책이다.

Aquarius Rising

단도직입적으로 말하자면, 그는 이 책을 포함한 몇몇 저술로 투수로 치자면 거의 '퍼펙트 게임'을 달성할 것에 비교할 만한 업적을 이루었다.

SSC Booknews

만일 당신이 출생 차트 해석을 위한 안내서를 기다리고 있었다면 이 책이 바로 그 책이다. … 아로요는 차트를 해석함에 있어서 전체론적인 접근이 얼마나 중요한지를 일깨워 준다. … 초보자나 전문가에게, 차트를 해석할 때 부딪치는 여러 가지 어려움을 극복할 수 있는 실마리를 제공한다.

Astro News

공부가 어느 정도 되어 있는 사람에게는 그때그때 참조할 수 있는 책이고, 아무 생각 없이 이런저런 해석에 의존하려는 초보자들에게는 그들 스스로 차트 주인공의 개성을 가늠해 보는 능력을 키워 주는 책이 될 것이다. 단순성이 열쇠가 된다. 여러 가지 복잡한 방법으로 분석해 낸, 별로 중요하지도 않은 세부 사항을 자세히 설명하는 것은 중요하지 않다. 차트 당사자만의 독특한 내면의 역동성에 초점을 맞추는 것이 중요하다. 이 책은 그런 작업을 잘 해냈을 뿐만 아니라 따라 하기도 쉽게 되어 있다.

The Astrological Journal

옮긴이의 말

인류는 문명의 여명기부터 우주와 인간의 삶이 연결되어 있음을 알고 있었다고 여길 만한 자료가 많습니다. 인류 역사상 가장 오래된 문헌인 수메르 점토판 가운데에 별이 인간의 삶에 미치는 영향을 설명하고 있는 상당한 양의 기록이 포함되어 있습니다. 바빌로니아, 페르시아, 인도, 중국 등 고대 문명이 남긴 문헌들에도 수메르에서 비롯된 것으로 추정되는 방대한 천문 해석 자료가 남아 있습니다. 인간이 쏘아 올린 우주선이 태양계 행성들 사이를 돌아다니고 있는 요즘에도 잘 모르는 내용을 그 옛날 사람들이 어떻게 알았을까는 별도의 문제로 치더라도, 수메르 점토판에 기록된 내용을 오늘날 우리들의 삶에 적용해 보아도 아주 잘 맞아떨어지는 것을 보면 놀라움을 금할 수 없습니다.

이제 우리는 이 정도의 이해에는 도달한 것이 아닌가 싶습니다. 곧 우주가 거대한 하나의 에너지 장Energy field이며, 인간도 그 에너지 장에 연결되어 있는 존재라고. 그래서 우주의 에너지 장의 변화에 공명하면서 인간의 삶도 변화의 춤을 추는 것이라고. 천문 해석은 우주의 에너지 장의 변화에 따라 인간의 삶이 어떻게 변하는지를 탐구하는 학문입니다. 천문 해석에서는 어떤 사람이 태어나서 첫 호흡을 하는 순간 그 순간의 우주의 에너지 패턴에 조율되어 그에 상응하는 성격이나 기질이나 신체 조건을 갖추게 되고, 이렇게 형성된 '원판 패턴'이 이후 계속 변하는 우주의 에너지 패턴에 반응하면서 독특한 삶을 연출하는 것으로 봅니다.

인생을 A지점을 출발하여 B지점에 도달하는 초행길 자동차 여행이라고 한다면 준비할 일이 한두 가지가 아니겠지요. 내비게이션이 있어야 하고, 도로 상황에 대한 정보도 있어야 하고, 주유소와 휴게소가 어디쯤에 있는지도 알아 두어야 할 것입니다. 그 중에서 타고 갈 자동차의 기종과 성능과 특징을 아는 것은 아주 중요하겠지요. 자기가 타고 가는 차가 스포츠카인지 트럭인지 버스인지를 모르고 무조건 밟기만 한다고 되는 일은 아니겠지요. 또 음악을 들을 수 있는 장치는 CD 플레이어인지 USB인지, 에어컨과 히터는 어떻게 작동하는지, 선루프는 있는지 등 자기가 타고 가는 차에 대한 정확한 정보를 알고 있으면 알고 있는 만큼 쾌적한 여행을 즐길 수 있지 않겠습니까.

아로요의 이 책은 '원판 패턴'인 출생 차트를 해석하는 데 도움을 주기 위한 가이드라인입니다. 출생 차트란 태어나서 첫 호흡을 하는 순간 태양계 행성들의 배치 상황을 도표로 그린 것인데, 그 차트를 보고 그 순간 우주의 에너지 패턴을 읽는 것을 차트 리딩이라고 합니다. 천문 해석자는 차트 리딩을 통해서 우주의 여행자인 차트 당사자의 성격과 기질과 특징을 파악합니다. 이를테면 인생이라는 여행길에 타고 가는 '나'라고 하는 자동차의 기종과 성능과 특징을 파악하는 것이지요. 차트 리딩하는 법을 배우면 자기가 어떤 물건인지를 알 수 있을 뿐만 아니라 함께 여행하는 다른 사람들이 어떤 특징을 갖고 있는지도 알 수 있게 되지요. 그래서 되지도 않을 것을 서로 요구하는 데서 비롯되는 쓸데없는 다툼이 줄어들고, 함께 웃으며 여행할 수 있는 가능성이 훨씬 더 커질 겁니다.

천문학Astronomy이라는 학문 분야가 있습니다. 'Astronomy'는 그리스어로 '별'을 뜻하는 astron과 '배열, 법칙'이라는 뜻의 nomos를 결합해서 만든 말입니다. 우주와 천체의 물리적인 성질과 법칙을 탐구하는 학문이기에 '천문학天文學'이라기보다는 '천체물리학天體物理學'이라고 부르는 것이 적절해 보이지만 이미 '천문학'이라는 용어로 굳어져 고쳐 쓰기는 어려운 상황입니다. 반면에 이 책에서 다루는 '천문 해석'을 가리키는 'Astrology'는 그리스어로 '별'을 일컫는 astron과 '말, 이야기, 설명'이라는 뜻의 logia가 결합해서 만든 용어입니다. '별들의 이야기'라는 뜻이지요. 이야기를 글로 쓰면 문文이 됩니다. 그래서 Astrology를 '천문天文'이라고 하면 좋겠는데 이미 그러기 어려운 상황인지라 별들의 이야기를 해석하는 학문이라는 뜻에서 '천문 해석'이라고 부르기로 했습니다.

이 책은 소설처럼 죽 읽어 내려 갈 수 있는 성격의 책이 아닙니다. 출생 차트를 놓고, 이 책에서 함축적으로 묘사하고 있는 내용들을 적용해 가면서 생각의 깊이와 폭을 넓혀 가는 과정이 필요합니다. 저자가 제시하는 가이드라인을 따라가면서 우주의 여행자인 '나'와 또 함께 길을 가고 있는 다른 여행자들을 이해하는 재미가 있을 것이고, 사람을 이해하는 눈이 부쩍 성숙해질 수도 있을 것입니다. 모쪼록 이 책을 통해서 사람을 이해하는 즐거움과 혼이 성숙하는 기쁨을 맛볼 수 있기를 바랍니다.

차 례

머리말

"우리는 인간이 만든 것을 가치 있게 여기면서도 신이 만든 것에 대해서는 인색한 경의를 표한다."
— 차란 싱Charan Singh(인도의 정치가)의 『영원한 진리Truth Eternal』에서

천문 해석Astrology에 대한 필자의 첫 번째 책이 출판된 이후에 세계 곳곳에서 보내온 엄청난 양의 편지를 받았다. 그 내용은 대개 천문 해석을 배우는 입문자, 직업적인 상담가, 그리고 그저 자신의 삶을 돕는 도구로 삼으려는 사람들로부터 그 책에서 다룬 자료와 내용을 어떻게 사용하고 있는지에 대한 것들이었다. 책에 밑줄을 긋거나 주석을 달아 가면서 읽는다는 독자도 많았고, 자신의 고객이나 수강생이나 친구들에게 그 책의 여러 부분을 복사해 주었다는 사람도 있었다. 어떤 기본적인 해석 원리를 더 유용하게 적용하기 위해서는 색인을 붙이거나 해석을 더 확장했으면 좋겠다고 말하는 사람도 있었다. 그러나 다른 자료를 더 첨부할 필요성을 아직까지는 느끼지 않는다. 그 이유는 필자가 발견한 정확하고 실용성 있는 원리와 접근 방식을 가능한 한 쉽고 명확하게 그 개요를 설명함으로써 진정한 천문 해석 심리학astrological psychology(또는 우주적 심리학cosmic psychology)이 제대로 정착하는 것이 더 시급하다고 생각하기 때문이다.

게다가 천문 해석을 배우는 사람이 전통적인 엄격한 해석 법칙을 맹

목적으로 따르기보다는, 또는 수많은 해설서에 실려 있는 단순한 '해석'
에 의지하기보다는 차트 당사자의 삶과 관련해서 '스스로 천문 해석 입
장에서' 생각하는 법을 배우는 것이 훨씬 더 좋다고 느끼고 있다. 처음
배우는 사람은 여러 특정한 상황과 사례들을 들어서 제시한 가이드라
인과 원리를 스스로 적용해 보는 노력이 중요하다. 그 과정에서 가이드
라인이나 원리의 정확성을 확인하면서 뜻밖의 즐거움을 경험할 수 있
고, 그런 경험이 누적되면서 새로운 차원의 이해가 동이 트고 해석자로
서의 자격을 갖춰 나갈 수 있다고 생각한다. 이 책에는 해석을 위한 가
이드라인, 상황 예증, 구체적인 사례 등이 많이 포함되어 있다. 따라서
구체적인 예가 부족해 기본을 이해하고자 하는 지적인 입문자들을 계
속 좌절하게 만드는 다른 책들의 단점을 보완할 수 있으리라 믿는다.

그럼에도 다른 책에서 탐색한 근본 원칙을, 해석을 위한 보다 더 자
세한 가이드라인을 포함해서 한 걸음 더 발전시켜야 함을 시급하게 느
끼게 되었다. 필자는 많은 천문 해석 관련 문헌들에는 꼭 있어야 할 것
이 빠져 있다고 본다. 천문 해석의 관점을 처음 배우는 입문자나 상당히
공부가 진척된 중상급자, 또는 선생이나 직업적인 상담가 누구라도 즉
시 참고할 수 있는 이해하기 쉽고 실용적이면서도 정확하고 간단명료한
해석 가이드라인이 있어야 한다고 본다. 이 책은 천문 해석의 기본 요소
에서 뽑은, 광범위하게 적용할 수 있는 의미들을 통합한 쉽게 이해할 수
있는 안내서로 기획되었다. 이 책을 쓰면서 필자의 책 여기저기에 흩어
져 있는 차트 해석을 위한 기본 개념과 세부적인 내용을 일목요연하게
정리함과 동시에 독자들을 천문 해석 관점에서 생각하는 길로 안내하
고 싶었다. 그러한 관점으로 생각하는 것은 단순한 색인 수준의 글로는
불가능한 일이다. 필자는 또한 누구의 출생 차트birth chart를 해석할 때라
도 가장 중요하게 보아야 할 '주요' 요소에 초점을 맞추고 그것을 유지

했다. 초보자를 혼란스럽게 하고 때로는 경험이 풍부한 전문가조차도 주의를 흐트러지게 만드는 부수 요소들은 다루지 않았다. 또한 트랜짓transit이나 프로그레션progression 등의 주제에 대해서는 다른 책에서 다룰 생각으로 이 책에서는 출생 차트를 이해하는 데에만 관심을 기울였다.

이 책은 세계 각 곳에서 대중성이 입증된 필자의 앞선 두 책『Astrology, Psychology & The Four Elements』와『Astrology, Karma & Transformation』의 후속편이자 좀 더 발전된 자료를 제공하고 있다. 필자는 이 두 책을 사용하는 독자들 그리고 입문자들에게 추천하며 가르치는 분들께 많은 빛을 지고 있다. 그분들의 격려에 진심으로 고마운 마음을 전한다. 이 책에서는 앞선 두 책에서 간략하게 설명한 주요한 키워드와 개념과 해석 문구 등을 어떻게 결합시킬 것인가라는 문제에 초점을 맞추고, 기본적인 의미를 강조하면서 그 기본적인 의미와 관련된 다른 의미와 통찰이 '작동'할 수 있도록 관심을 기울였다.

이 책을 기획하면서 필자는 딜레마에 빠졌었다. 필자는 이 책이 해석 가이드라인 역할을 할 수 있도록 대단히 정밀한 언어를 사용하기를 원했다. 동시에 앞선 두 책에서처럼 전체론적이고 유연하며 단정적이지 않은 접근 방식을 유지하고 싶었다. 이 책의 부제(Guidelines for Understanding the Essentials of the Birth Chart) 첫 단어인 '가이드라인guideline'이라는 말이 아마 이 책의 중심 개념일 것이다. 대부분의 책들에는 어떤 차트에서나 발견할 수 있는 수많은 세부 사항과 무한한 조합을 해석하기 위한 지적이고 정확한 언어로 요약된 가이드라인이 결여되어 있다. 또한 사소한 문제들을 장황하게 다루고 있는 경우가 많다. 그러니 처음 배우는 입문자들이 혼란스러워하고, 좌절하고, 낙담하거나 사소한 문제들 더미 속에서 길을 잃고 헤매는 것이 전혀 이상하지가 않다! 천문 해석을 공부하고 이해하려는 지적인 사람들에게 줄곧 듣는 이야기는 여러 책에 설명된 '해석' 문구들을 자신의 차트와 깔끔하게 연결시켜서 표현할 수가 없다는 것이다. 그러다 보니 자연히 그들은 천문 해석이 가진 정확성과 유용성에 의문을 갖는다. 그들이 사용한 책이 일반 대중을 위한 '지식'이라고 포장하며 주장하지만 독자들로 하여금 스스로 고개를 끄덕이게 만드는 진정한 통찰이나 이해를 도모한 것은 아니다.

오늘날 해설서들은 질 대신 양으로 대체하는 경향이 있다. 이런 해로운 경향은 '컴퓨터 점성술'에서 그 양상이 더욱 뚜렷하다. 컴퓨터를 이용한 해설이 아주 빠른 속도로 퍼져 나가고 있다.(아마 천문 해석을 아는 사람이든지 심지어는 전혀 모르는 사람조차도 컴퓨터가 뽑아 주는 해석 리포트로 돈을 벌 수 있다는 것이 주된 이유 중에 하나일 것이다.) 어쨌거나 그러한 전산화는 전혀 초점이 맞지 않는 엄청난 양의 쓸모없는 피상적인 '해설'을 생산해 내고 있다. 이런 자동 생산 해설의 장황함 속에는 어떤 단어를 사용할 것인지에 대한 고민도 없고, 언어의 정밀함이나 미묘한 의미도 담겨 있지 않다. 사람들에게 도움을 주려면 진정한 천문 해석을 오해하도록 만드는 자동 생산 해설의 명명백백한 잘못된 표현보다 훨씬 더 정교한 언어 구사와 차트의 복합적인 양상을 보다 더 진지하게 숙고하는 노력이 필요하다. 오늘날 생산되고 있는 수많은 자료들은 엄청나게 많은 단어를 사용하거나 부차적인 요소들을 장황하게 설명하거나 또는 그 두 가지 모두로 되어 있는 경우가 많다. 그래서 그들과는 명백히 다르게 정밀하고, 단순하며, 깊은 의미가 함축된 언어를 사용하기 위해서 심혈을 기울였다. 만약 이 책에서 사용한 주요 개념, 구절, 가이드라인이 제대로 선택된 것이라면 천문 해석의 본질적인 진리에 대한 이해와 통찰을 가져다 줄 것이다. 그리고 독자들 스스로 수긍하고 이 책으로부터 무언가를 배울 수 있을 것이다. 이러한 시도가 어느 정도 성공했는지는 독자들이 판단하게 될 것이다.

필자는 출생 차트를 리딩할 때 필자가 초점을 맞추는 '기본적인 요소들'이 정확하다는 확신을 갖고 있다. 그것이 정확한 이유는 첫째, 제대로 이해만 했다면 기본적인 요소들은 믿을 만한 정보를 제공하기 때문이며 둘째, 차트에서 기본적인 주요 요소는 그 사람의 인생에서 중요한 테마를 거의 정확하게 반영해 주기 때문이다. 효과적인 '차트 해석'은 주인공의 주요 인생 테마에 초점을 맞추고 그것을 이해할 수 있도록 빛을 비추어 준다. 수많은 천문 해석 책이나 강연이나 논문 또는 컴퓨터가 작성한 리포트를 메일로 보내 주는 자료 등에는 뒤섞인 방식으로 뽑은 부차적인 요소들에 대한 정보가 너무 많다. 그런 것들은 주인공의 삶의 중요한 테마에 대해서 새로운 정보를 제공하지 못한다. 사실 필자가 제대로 이해한 것이라면, 전통적으로 존재하는 다양한 해석 방법과 해석에 고려하는 수많은 요소들을 이것저것 적용하다 보면 주인공의 삶의 중요 테마를 명확하게 잡아내지 못한다. 천문 해석자를 위한 강연에서 필자가 말했듯이, 만약 해석자가 하찮은 요소들에 초점을 맞추면 천문 해석 자체를 하찮은 것으로 만들고 만다. 이미 그들을 수상하고 별볼일 없는 존재로 보는 사회의 시각이 있는 마당에 거기에 더하여 더욱더 천박한 이미지를 얻게 될 것이다.

　　필자의 강좌에서 인용한 다음 글은 이 책이 왜 유독 해석에 기본이 되는 요소들에만 초점을 맞췄는지를 설명해 준다는 점에서 다시 소개할 가치가 있다고 본다.

　　차트에서 너무 많은 요소를 고려하면 종합적으로 관찰하기가 어렵다. 또한 중요한 테마와 지엽적인 세부 사항들을 구별하기 어렵게 만들어서 주인공의 인생에서 '중요한 의미가 있는' 테마들을 제대로 평가하는 데 도움을 주지 못한다. 주인공의 상황을 명확하게 보기 위해서는 최소한의 믿을 만한 주요 요소에만 초점을 맞출 필요가 있다. 출생 차트를 갖고 그럴듯하게 설명하지 못할 것이 아무것도 없다. 이 방법으로 안 되면 저 방법으로 이 행성으로 안 되면 다른 사소한 '행성'으로 설명하면 된다. 그러나 이런 식으로 잡다한 요소들을 끌어들여서 중언부언하면 피상담자에게 정돈된 상태가 아닌 혼란스러움만 안겨줄 것이다.

공항 관제탑의 레이더 스크린에 너무 많은 물체가 표시되면 어떤 것이 비행기인지 구별하기가 어렵다. 또한 동시에 너무 많은 비행기가 레이더에 잡히면 어떤 것이 가장 가까이 접근하고 있는 비행기인지 파악하기가 어렵다. 마찬가지로 천문 해석자가 너무 많은 요소를 고려하면 중요한 것과 중요하지 않은 것을 점점 더 구별하기가 어려워지고, 명확한 답변을 구하는 상담 의뢰인에게 오히려 더 혼란스럽고 모호하고 정확하지 않은 정보를 주게 될 것이다. 사람들은 혼란스러운 잡다한 정보나 어림짐작 등을 듣기 위해서 천문 해석자를 찾는 것이 아니다. 그들이 원하는 것은 자신들의 삶에 대한 정확한 정보나 방향 같은 것이다. 그들이 비록 미래를 예측해 주기를 원하더라도 그런 질문 자체가 자신들의 삶에 대해서 명확한 무언가를 알고 싶다는 마음에서 비롯되는 것이다.

이 책의 주요 테마인 신중하게 선택한 키워드와 해석을 위한 가이드라인이 얼마나 중요한지는 이미 설명했다. 이제 언어의 정밀성이 왜 중요한지를 간략하게 설명하려고 한다. 필자는 1967년 이래로 정밀한 표현과 고도의 신뢰성에 도달하는 데 관심을 갖고 해석을 위한 정확한 표현을 찾으려고 애썼다. 오래된 흑백 논리식의 좋고 나쁨, 행운과 불운 등의 구시대적인 구분은 필자가 찾고 있던 이해나 신뢰도를 확보하는 데 아무런 도움이 되지 않았다. 하버드 대학의 역사학자 존 킹 페어뱅크 박사Dr. John King Fairbank의 말을 빌면, "자기가 생각하는 분야에 대해서 비판적이지 않으면 비판력을 갖고 생각하는 것이 불가능하다". 그러나 당시로는, 필자가 데인 러디아르Dane Rudhyar의 개척자적인 연구를 접하기 전까지는, 해석에 사용하는 언어를 문제 삼거나 비판적으로 분석하려는 시도를 한 천문 해석자가 있다는 얘기를 들어보지 못했다.

천문 해석을 새롭게 이해하는 문이 열린 다음, 필자는 많은 사람들과 그들의 삶과 차트에 대한 이야기를 나누었다. 그리고 천문 해석은 사람의 내면 상태를 가장 잘 표현하는 강력한 도구라는 결론에 도달했다. 천문 해석은 어떤 사람의 기본 동기와 욕구, 내면 상태 곧 그 사람 의식의 '속성'을 잘 보여 주고 있었다. 간단히 말해서 내면에서 원인으로 작동하는 육체적인 에너지 장과 심리적인 에너지 장의 역동적인 상태를 잘 보여 주고 있었다. 경험이 누적되고, 수많은 종류의 차트를 읽고, 수천 시간의 상담과 다양한 연구를 거치면서 천문 해석의 본질은 결국 경험의 언어라는 사실이 명백해졌다. 또한 필자가 치유 분야의 공부를 여러 해 한 후에 알게 된 사실이지만, 천문 해석은 에너지를 설명하는 언어라는 것도 분명해졌다. 이런 과정을 거쳐서 진정한 의미의 '과학적인' 천문 해석자가 되려면 그리고 해석의 정밀성을 성취하려면 삶의 내적인 차원을 강조해야만 한다는 결론에 도달했다.

인간의 내면 상태는 실제로 훨씬 더 근본적이다. 천문 해석을 구성하는 요소들은 외적인 상황보다는 내면 상태를 훨씬 더 정확하게 상징적으로 보여 준다. 어떤 하나의 내적인 본질이 외부 세계에 표현될 때는 여러 가지 다양한 모습으로 나타날 수 있기 때문에 차트의 상황이 어떻게 연출될지를 몇 가지로 꼬집어 말하기가 어렵다. 그러므로 많은 해석자들이 외적인 사건과 상황만 강조하는 것은 성공할 확률이 거의 없는 알아맞히기 게임으로 끝날 수밖에 없다. 필자는 어떤 행성의 위치나 배열 상태에서 '필연적으로' 나타날 수밖에 없는 내적인 차원의 상태 변화에 초점을 맞춰야만 한다는 사실을 인지한 다음, 상담 의뢰인의 미묘한 상황을 가장 정확하고 효과적으로 표현하기 위해서 여러 가지 키워드와 핵심 구절 등 다양한 형태의 언어 표현을 적용해 보는 노력을 기울였다. 앞서 출판된 필자의 세 권의 책과 이 책은 이런 탐구의 결과물이다. 독자들이 이 책에 정리해 놓은 가이드라인을 이런 시각으로 바라볼 수 있길 바란다. 이 책에 정리해 놓은 키워드와 핵심 구절에 충분히 친숙해진 다음에는 필요에 따라 자유롭게 이 책의 어느 부분이든지 선택해서 사용하면 좋을 것이다.

끝으로, 위에서 언급한 것처럼 그리고 필자의 첫 번째 책 『Astrology, Psychology & the Four Elements』에서도 중점적으로 다뤘지만 천문 해석은 에너지 상태를 설명하는 탁월한 언어다. 필자는 에너지 상태를 설명하는 언어로써 이렇게 정확하고 정밀하고 유용한 다른 언어를 알지 못한다. 한 개인의 기본 '전압Voltage' 곧 태양이 보여 주는 기본적인 파워와 생명 에너지의 조율 상태를 천문 해석처럼 보여 주는 다른 언어(또는 그 부분과 관련한 과학이라든가)가 있는가? 한 개인의 '전류량Amperage' 곧 달이 보여 주는 에너지 흐름의 속도, 또는 생명 에너지가 어떤 사람을 통해서 세상으로 흘러 나가는 상황을 상징적으로 보여 주는 어센던트 Ascendant처럼 한 개인의 '전도성Conductivity'이나 '저항성Resistance'을 천문 해석처럼 정확하게 묘사해 주는 다른 언어가 있는가? 윌리엄 데이비드슨 박사Dr. William Davidson가 개발한 이 전기 용어 비유는 천문 해석이라는 광대한 에너지 언어의 극히 일부에 지나지 않는다.

만약 에너지 차원을 강조하는 입장에서 천문 해석에 접근하고자 한다면 4원소의 중요성과 다음에 요약하는 내용을 기억하면서 이 책의 내용들을 공부하면 좋을 것이다. 아래에 요약 정리한 용어 정의는 필자가 여러 해 동안 사용하면서 그 표현이 대단히 정확하다는 사실을 충분히 확인했다. 이들 용어 정의는 또한 외적인 사건을 억지로 설명하려고 하는 구시대의 풍조와는 대조적으로 주인공의 체험을 표현하는 언어라는 입장에 초점을 맞춘 것이다.

원소Element: 경험을 구성하는 에너지 재료.

싸인Sign: 기본적인 에너지 패턴. 싸인의 에너지 패턴에 따라서 경험이 특별한 성질이나 기질을 띠게 된다.

행성Planet: 에너지 흐름을 조정하며, 어떤 차원의 경험을 하게 되는지를 보여 준다.

하우스House: 어떤 에너지가 가장 쉽게 표현되는 인생의 영역, 또는 어떤 에너지를 가장 직접적으로 만나게 되는 인생의 영역을 보여 준다.

어스펙트Aspect: 경험의 역동성과 강도 곧 서로 다른 에너지들이 어떻게 상호 작용하는지를 보여 준다.

이상과 같이 정리한 다섯 가지 요소는 대단히 포괄적이고 정교하며 세련된 우주적 심리학을 구성하는 요소들이다. 신뢰할 만한 과학적인 체계를 세우려면 천문 해석(또는 천문 해석 심리학)이 명백하게 보여 주는 삶의 에너지 차원을 고려해야만 한다. 다양한 전통의 치유 분야에서 활동하고 있는 많은 전문가들이 사실 '에너지'라는 개념에 입각해서 생각하고 에너지 차원과 관련된 치유 활동을 하고 있다. 그러나 천문 해석이 정밀한 에너지 언어라는 것을 알고 천문 해석을 자신들의 작업에 활용하거나 실험적으로 적용해 보는 사람은 아주 적다. 그러므로 지금으로 서는 천문 해석자들이 그동안 치유 분야 전문가들이 해온 모든 것을 알 아차리고 천문 해석의 에너지 차원을 인식하고 적용하는 일이 천문 해 석자의 몫으로 남아 있다.

유감스럽게도 오늘날 천문 해석과 관련을 맺고 활동하는 사람들 곧 연구자들이나 상담의 도구로 천문 해석을 사용하는 사람 가운데 많은 사람들이 모두 물질 입장에서 사물을 바라보는 과학자나 대부분의 현 대 서양 의사들과 같은 실수를 범하고 있다. 그들은 세부적인 문제나 사 소한 분석에 몰두하다 보다 큰 전체적인 조망을 놓친다. 따라서 천문 해 석이 보여 주는 훌륭한 전체적인 큰 그림은 무시되기 쉽고, 기술적인 세 부 사항을 놓칠라치면 비웃음을 사기도 한다. 전체적인 큰 그림 곧 보 다 큰 진리의 첫 번째 항목은 천문 해석을 통해서 분석하고 이해할 근 본 요소는 에너지라는 것이다. 둘째는 많은 해석자들이 무시하거나 얼 버무리고 있음에도 불구하고 단순하고 통일성을 지니고 있는 요소인 '4 원소'가 중요하다는 것이다. 전통적으로 4원소가 보여 주는 에너지 상 태는 삶을 구성하는 궁극적이고 근본적인 실체다. 천문 해석은 그것을 분석한다. 행성들은 4원소 에너지를 활성화시키고 조절하는 역할을 할 뿐, 에너지 차원에서 보면 4원소가 궁극적인 활동 원리다. 간단히 말하 자면 천문 해석을 에너지 차원에서 접근해야 그것이 제공하는 역동적 인 실상을 훨씬 더 현실적이고 정확하고 효과적으로 전달하는 데 도움 이 될 것이라는 말이다.

해석자들은 출생 차트에서 안전하고 편하게 사는 방법을 찾으려고 하는 경우가 가끔 있다. 그러나 출생 차트가 암시하는 여러 가지 가능성 으로서의 삶을 용기 있게 살아 볼 필요가 있다. 그러면 인생에 대한 이 해가 점점 더 깊어질 것이다. 천문 해석은 종교일 필요가 없다. 또한 인생 문제에 대한 궁극적인 해답일 필요도 없다. 천문 해석은 보다 큰 이해와 보다 장대한 목표를 향해 가는 디딤돌로서 더 가치가 있을 것이다.

1장
천문 해석, 문지방을 넘고 있는 상황에서

"천문 해석과 과학의 가장 큰 차이점은 천문 해석은 사실을 다루는 것이 아니라 깊이를 다룬다는 것이다. 천문 해석은 과학자들이 의지하려고 하는 구체적인 근거들을 그렇게 심각하게 고려하지 않는다."

— 헨리 밀러Henry Miller(1891-1980, 미국의 작가, 화가)

이 시대에 천문 해석을 배우고 사용하는 문제와 직접 관련된 중요한 몇 가지 문제에 대해서 간략히 이야기해 보는 것이 처음 공부하는 사람들에게 특히 도움이 될 듯싶다. 사실 이 책에서 이런 문제를 다루는 것이 적절치 않을 수도 있다. 그러나 오늘날 천문 해석과 관련된 철학적, 과학적, 현실적인 문제들에 대해서 솔직한 토론이 없이는 천문 해석이라는 지식 체계가 지닌 위력과 깊이를 소개하기는 어려울 것이다. 이 책에서 이런 주제와 관련된 모든 문제를 다루는 것은 불가능하다. 사실 필자는 이미 출판된『The Practice & Profession of Astrology』전체를 이 문제와 관련된 논의에 할애했다. 또한 리즈 그린Liz Greene과 공동 저술한『The Jupiter/Saturn Conference Lectures: New Insights in Modern Astrology』에서도 이 문제를 어느 정도 다루었다. 그러므로 다음에 언급하는 이야기들을 복잡하고 논쟁의 여지가 있는 주제들에 대한 소개 정도로 받아들이면 좋겠다.

천문 해석은 여러 가지 점에서 매우 독특한 주제다. 그것이 지닌 깊은 통찰과 넓은 응용 범위는 물질주의가 판을 치고 있는 이 시대의 경향과는 맞지 않는다. 과학과 예술, 지식과 지혜, 내적인 삶과 외적인 삶을 모두 포함하는 천문 해석은 근본적으로 인간과 우주의 상호 관계에 토대를 두고 있다(고대인들이 대우주와 소우주의 통일성을 인식하고 있었다는 것은 "위와 같이 아래도 그러하다As above, so below"는 격언이 잘 보여 주고 있다). 오늘날 많은 사람들은 이 전체론적인 사고를 기껏해야 시적이고 예스런 멋 정도로 볼 뿐이고, 최악의 경우 미신적이고 순박한 생각이라고 여기는 사람들도 있다. 그러나 사회에 만연되어 있는 이러한 편견은 옛날부터 인간 체험의 가장 중요한 토대 역할을 해온 마음 또는 정신의 실재를 부정하는, 오늘날 반사적으로 튀어나오는 경솔하고 비과학적인 회의론의 한 예에 지나지 않는다.

천문 해석에 대한 회의론과 반대는 물질과학의 근시안적인 옹호자들이 영적인 치료법이나, 철학이나 개인적이고 심리적인 지침 등 다른 여러 고대의 영적인 전통에 대한 적대감보다 그 정도가 훨씬 더 심하다. 인간의 가능성과 인간 사고 역사에서 중추 역할을 해온 마음-정신 전통에 대한 상상력이 결여된 이런 편견이 지적인 전통과 문화적인 전통을 탐구하고 보존하면서 열린 마음으로 진리를 탐구해야 할 윤리적 의무가 있는 학계를 포함하여 사회 전체에 만연되어 있다는 것은 불행한 일이다. 아주 소수의 몇몇 사람들만이 현대사회의 이런 무지에 반대하는 목소리를 낸다. 예를 들어 예시바 대학Yeshiva University의 총장 노먼 램 Norman Lamm은 1987년에 이렇게 말했다.

"우리는 정신의 실재와 가치를 재정립해야만 합니다. … 우리 사회는 우리의 근면한 탐구를 기다리고 있는 더 큰 지혜가 있다는 것을 배워야만 합니다. 곧 인간은 생화학적이고, 심리적이며, 정치적, 사회적, 법적, 경제적인 동물일 뿐만 아니라 영적인 존재라는 사실을 알아야 합니다. 영적인 존엄성에 대한 열린 자세는 … 만연되어 있는 과학적인 물질주의와 철학적인 절망만이 학문적으로 관심을 기울여야 하는 대상이 아니라는 것을, 그리고 마음과 영혼의 실재에 대한 믿음을 지적으로 열등한 과학적인 퇴보라고 비난할 수 없다는 것을 의미합니다. … 이 지식은 지혜로 무르익어야만 합니다."

— 예시바 대학 100주년 기념 연설에서

자연을 조작하는 데 초점을 맞춘 물질과학이 조장한 편협한 시각은 인간 사회의 여러 가지 긍정적인 발전을 심하게 억제했으며, 이제 막 진입하기 시작한 전 세계적인 생태학적 재앙을 초래했다. 그럼에도 종래의 과학적 연구는 마음을 거의 제외했다. 물질과학만이 무엇을 아는 확실한 방법이라고 여기고, 과학적으로 확실히 입증될 수 있는 것만을 실재로 여긴다. 이런 식으로 인간의 삶을 구성하고 있는 대단히 큰 영역 곧 과학적인 분석으로는 얻을 수 없는 마음 차원의 경험을 사실상 배제했다. 그러므로 천문 해석의 가치를 체험한 사람은 종래 과학의 동의나 증명을 바랄 필요가 없다. 그런 일은 결코 일어나지 않을 것이다. 그들의 동의를 바라거나 눈치를 살피는 대신 천문 해석에 대한 자신들의 이해를 보다 확실하고 믿을 만하게 확립하는 데 에너지를 쏟을 필요가 있다. 천문 해석을 어떻게 하면 효과적으로 사용할 수 있는가, 그 지혜를 어디까지 적용할 수 있으며 그 한계는 어디인가 등에 대해서 말이다.

과학, 의학, 군사학, 정치학 그리고 다른 여러 분야의 역사를 살펴보면 어떤 진보에는 늘 폭력이나 광적인 반대가 있었다는 것을 분명히 알수 있다. 예를 들어 물리학자 맥스 플랑크Max Planck는 자신의 견해에 대한 반대에 시달린 나머지 이렇게 말했다. "새로운 과학적인 진리는 반대자들을 설득하는 성공을 거둘 수 없다. 반대자들로 하여금 진리를 깨닫게 하는 대신, 세월이 흘러 그들이 차츰차츰 죽어서 사라지고 새로운 진리에 익숙한 새로운 세대가 자라나는 것을 기다리는 것이 낫다."(「Planck's Principle」, Science, 1978, by D. Hull, P. Tessner, & A. Diamond) 이 문제와 관련해서 독자적인 철학자이자 시인이자 화가였던 윌리엄 블레이크William Blake의 다음과 같은 시구도 떠오른다.

> "자기가 이해할 수 없는 것에 대해서 증명을 요구하는 사람은 어리석다. 다른 사람이 이해하지 못하는 것을 믿게 하려고 노력하는 사람 또한 멍청한 사람이다."
>
> —『천국과 지옥의 결혼The Marriage of Heaven and Hell』에서

독자들은 아마 이렇게 생각할지 모른다. "천문 해석은 전혀 '새로운' 것이 아닌데, 도대체 이런 얘기가 천문 해석과 무슨 관계가 있다는 말인가?" 그렇다. 천문 해석 그 자체는 확실히 새로운 것이 아니다. 그러나 현대적인 형태로 개인의 삶에 지침을 제공하고, 무엇을 어떻게 하며 사는 것이 좋은지에 대해서 전문가들에게 깊이 있는 심리학적 도움을 주는 도구로서의 현대 천문 해석은 중요하고 의미 있는 진보를 이루었다. 따라서 지난 50여 년 동안 발전한 심리학적으로 정교하게 다듬어진 현대의 천문 해석은 과거의 천문 해석이 아닌 새로운 형태의 천문 해석인 것이다. 사회의 절실한 요구에 부응해서 자연적으로 생성된 현대의 천문 해석은 과학, 심리학, 치유 예술, 그리고 다른 많은 영역의 발전에 지대한 공헌을 했다. 칼 융은 천문 해석을 고대 세계의 심리학적인 지식을 통합한 것이라고 말했다. 인간 삶의 신비를 이해할 수 있는 가능성을 갖고 있는 이 고대 지혜의 거대한 저수지는 현대 심리학을 비롯하여 다른

여러 영역의 학문의 빛을 받으며 새롭게 탐구되기 시작했다. 그리고 몇몇 선구자들에 의해서 새로운 언어와 수많은 새로운 적용과 응용으로 의미심장하게 재편성되고 있다.

천문 해석은 이제 현대의 삶에서 보다 중요한 위치로 도약하는 문지방을 넘어가고 있다. '만약' 현대의 언어를 사용해서 지적인 방식으로 발전해 나간다면 이 도약은 성공할 것이다. 하지만 옛날처럼 길흉을 점치는 도구나 신기한 술법으로 되돌아갈 수도 있다. 스스로를 '과학적인 천문 해석자'나 아니면 다른 보다 그럴듯한 이름으로 부르는 많은 천문 해석자들이 또는 그들이 어떤 이름을 사용하든지 간에 미래 사건을 예측하는 데 초점을 맞추고 있는 것은 불행한 일이다. 앞으로 20년 안에 이 문지방을 넘어가느냐 그렇지 못하냐는 천문 해석을 적대시하는 사람들의 행동보다는 상담의 도구로 천문 해석을 사용하는 사람들의 행동과 능력과 직업의식에 달려 있다고 본다.

유난히 천문 해석에 대해서 반대 목소리를 내는 몇몇 사람이 천문 해석과 관련된 윤리적인 문제와 과학적인 문제를 깊이 조사해 보았다고 공언했다. 그러나 그들은 대개 천문 해석의 원리에 대해서 알고 있는 것이 별로 없었고, 천문 해석이 실제로 어떻게 적용되는지에 대해서는 거의 아는 것이 없었다. 그러므로 그들이 아무리 목소리를 크게 내면서 독단적인 주장을 할지라도 학문의 법정에서는 전혀 고려할 가치가 없는 것이다. 천문 해석의 주요 전통을 따르는 사람들은 천문 해석에서 다루는 행성들의 위치, 주기, 행성의 배열 등에 대해서 공통된 견해를 갖고 있다. 모두는 아닐지라도, 이러한 전통적인 견해는 수많은 세월 동안 반복된 현상에 대한 관찰에 기초하고 있다. 과학의 전통적인 견해에 따르자면 동일한 실험을 했는데 실험한 사람마다 서로 다른 결과가 나온다면 그 결과를 신뢰할 수 없는 것으로 본다. 마찬가지로 동일한 상황에 대한 천문 해석가들의 견해가 저마다 다르다면 해석가들의 주장을 과학적으로 받아들일 수 없을 것이다. 그러나 전통적인 천문 해석을 따르는 사람들은 대체로 동일한 상황에 대해서 거의 동일한 견해를 가지고 있다.

질문은 아주 간단하고 사실적이다. 천문 해석의 진술이 정당한가? 실험 없이 어떻게 평가할 수 있는가? 천문 해석의 원리를 시험할 수 있는 타당하고 효과적이며 적절한 방법은 무엇인가? 뒤에 좀 더 자세히 다루겠지만, 이 질문에 대한 필자의 결론은 천문 해석의 타당성은 오직 경험에 의거해서 증명할 수밖에 없다는 것이다. 임상적인 현실 상황에서, 살아 있는 사람에 대해서 천문 해석의 원리들을 적용해 봄으로써 인생의 지침과 상담과 심리 치료 등에 천문 해석이 아주 가치 있는 효력을 지니고 있음을 충분히 보여 줄 수 있을 것이다.

천문 해석이 어떤 식으로든 타당할 수도 있다는 것조차 인정하려 들지 않는 '과학자'들로부터 자주 들을 수 있는 반대 가운데 하나는 이렇다. 천문 해석자들은 행성들이 어떤 '영향력'을 행사한다고 하면서도 '원인과 결과의 메커니즘'을 전혀 보여 주지 못한다는 것이다. 천문 해석이 인과의 틀 안에서만 논의되어야 하는지에 대해서는 문제 삼지 않더라도, 천문 해석을 깎아내리려는 이런 시도에 대한 최상의 대답이 있다. UCLA 의과 대학 부교수이자 의학 박사인 야곱 박사Dr. Jacob Zighelboim는 최근 필자가 참석한 한 강연(캘리포니아의 샌 마테오San Mateo에서 1988년 4월 29일~5월 1일 동안 열린 '동종요법: 21세기를 위한 의학Homeopathy: Medicine for the 21st Century' 학회 강연)에서 과학의 역사를 통틀어 '가장 어려운 작업은 메커니즘을 밝히는 일'이라고 말했다. 실제로 사용 가능한 모든 과학적인 원리와 기술 그리고 여러 종류의 의약품이 메커니즘 곧 '어떻게' 그런 효과가 일어나는지에 대한 이해가 전혀 없음에도 불구하고 전 세계에서 일상적으로 사용하고 있다.

초자연 현상을 다루는 심리학 분야에서 지난 수십 년 동안 전통적인 과학 실험에 준하는 엄정한 조건 아래서 여러 가지 심령 현상을 조사했지만 그 '메커니즘'을 밝히는 데에는 실패했다. 초자연적인 심령 현상에 대한 과학적인 실험의 실패는 과학적인 실험이 천문 해석이나 또는 마음 속 깊은 곳에 그 원인이 있는 현상을 조사하는 데에는 전적으로 적합하지 않다는 사실을 말해 준다. 무엇을 과학적으로 측정할 수 없다고 해서 그것이 존재하지 않는다거나 중요하지 않다고 볼 수는 없다.

물질과학은 통계와 측정과 끝없는 분석을 성채로 삼고 있다. 이런 일이 컴퓨터의 보급과 함께 점점 더 쉬워지면서 그 결과의 양이 엄청나게 늘어나고 있다. 앨러지성 질병의 세계적인 권위자인 테론 랜돌프Dr. Theron Randolph 의학박사는 이렇게 말한다. "통계학적인 방법론, 전산화, 여러 종류의 정보 검색 시스템은 종합과 전체론을 희생시키고 분석과 단편화를 선호한다."(「Bulletin of the Human Ecology Research Foundation」에서 발췌). 랜돌프 박사는 의약품과 의학적인 진단에서도 이런 분석이 날로 더 심화되고 있는데, 이로 인해서 환자의 상황에 대한 전체적인 큰 그림을 놓치게 된다고 지적한다. 랜돌프 박사의 이런 지적이 천문 해석의 영역에서도 이미 나타나고 있어 조심해야 할 경고로 여겨야 한다.

그동안 천문 해석에 대한 통계적인 연구가 많았지만 대부분의 연구는 일반적으로 거의 무의미하다. 아주 소수만이, 예를 들어 제프 메이오Jeff Mayo의 썬 싸인에 따른 외향성과 내향성에 대한 연구나 고클랭Gauquelin이 20년 넘게 조사해서 발표한 행성의 위치와 직업과의 관계 정도가 긍정적인 결과라고 할 수 있다. 그러나 『The January Effect』(1987, Dow-Jones Irwin 출판사)에 "무엇을 찾으려는지 모른다면 그것을 발견할 수 없을 것이다"라고 지적하고 있듯이 천문 해석 데이터를 통계적으로 연구해서 어떤 패턴을 찾아보려는 시도는 거의 모두 실패했다. 따라서 천문 해석의 복잡 미묘함을 모르는 사람이 천문 해석 데이터를 통계학적으로 조사했을 때 의미 있는 결과를 발견하지 못하는 것은 전혀 이상한 일이 아니다.

그러나 미묘한 현상을 조사하는 데에 통계학적인 접근이 분명한 한계를 지니고 있음에도 불구하고 천문 해석뿐만 아니라 자연 치유 분야의 수많은 통계상의 임상과 경험에 의거한 어떤 공통된 진술을 '신뢰할 수 없는 한낱 일화'로만 취급할 수는 없다.

> "한낱 일화라고 비평하는 사람들은, 실험용 생쥐에게 일어난 일은 과학적으로 여기면서 사람에게 일어난 일은 단지 일화에 지나지 않는다고 여긴다. 왜 그런가? 생쥐는 과학자나 의사에게 자기가 느끼는 것을 말하지 못한다. 오직 죽은 육체 조직만이 무슨 일이 일어났는가에 대한 증거가 된다. … 사람의 경우에는 마음과 느낌과 다른 지각 기관에서 일어난 것이 '실재'다. 만약 어떤 사람이 자기가 체험한 것을 이야기하는 것이 일화에 지나지 않는다 해도 그것은 받아들여야 할 유형의 자료다. … 근거가 확실한 정보를 '일화'로 치부하는 것은 '비과학적'이다."
>
> —「Healthcare Rights Advocate」 Vol. II, Issue 2.

위대한 천문 해석가이자 철학자였던 데인 러디아르는 천문 해석을 직업으로 삼고 있는 사람들이 일반적으로 유행하고 있는 '과학적인' 방법론과 '기준'이라는 함정에 빠지는 것이 얼마나 위험한지를 명백히 밝혔다.

> "오늘날 공식적인 '지식 공장들'(대학들)이 숭배하는 분석적이고

통계학적인 방법을 통해서 천문 해석을 그럴듯한 '과학' 차원으로 끌어올리려는 해석자들의 시도는 내담자와 상담하면서 부딪치는 여러 문제를 해결하는 데 도움이 될 만한 건설적인 결과를 도출하지 못할 것이다. 분석과 통계에 입각한 상담은 별로 효과가 없을 것이다. 상담이 효과적이려면 상담자와 내담자의 인간 대 인간 관계가 형성되어야만 한다. 그러나 '통계적인 평균치'를 취급하는 과학은 '개인마다 다른 사정'을 감안하지 않는다. 또한 과학은 인간의 가치를 다루지 않는다. 하지만 천문 해석자를 찾아오는 사람은 도움을 받기 위해서 온다. '의식 차원'에서는 단순히 호기심 때문에 찾아오는 경우라도 무의식 차원에서는 도움을 요청하고 있는 것이다. 내담자가 비록 일반적인 인생 문제에 대해서 상담을 요청할지라도, 그는 자기만의 독특한 인생 문제에 대해서 도움을 요청하는 것이다. 상담자는 내담자의 '자기' 문제라는 느낌을 꼭 다루어야만 한다. 우리는 모두 자기만의 깊은 문제를 갖고 있다. 천문 해석은 객관적으로 그리고 침착하게 모든 인간의 '자기' 문제에 도움을 줄 수 있어야 한다."

— 『Astrology & the Modern Psyche』(1977, p. 182)

천문 해석의 철학과 전체론적인 진리에 입각한 세계관은 물질주의 과학의 세계관과는 맞지 않는다. 천문 해석을 탐구하고 가르치고 증진시키려는 사람들은 다른 사람들의 환심을 사려고 또는 존경을 받으려는 목적으로 과학과 억지로 '통합'하려는 시도를 하지 않도록 조심할 필요가 있다. 그보다는 천문 해석의 원리와 적용 범위를 명확히 규정하고 그 고유의 장점을 보다 분명히 하는 데 힘을 쏟는 것이 훨씬 더 바람직할 것이다. 사람들의 삶에서 나타나는 현상과 경험에 대한 결과를 평가하는 것이야말로 매우 실용적인 접근이며, 궁극적으로 모든 치유나 다른 사람을 돕는 직업 또는 심리학적인 이론이나 방법론에서 정말 중요한 실험이 될 것이다.

과학과 직업으로서의 천문 해석의 미래

어떤 점에서 천문 해석을 과학이라고 할 수 있는가?* 일반적으로 말하자면 천문 해석은 관찰에서 비롯된 원리와 법칙들로 이루어져 있기 때문에 과학이라고 할 수 있다. 천문 해석의 여러 원리는 많은 사람들의 관찰과 검증을 거쳤기 때문에 신뢰할 만하다. 천문 해석의 광대한 전통이 생산해 낸 수많은 개념이나 이론 중에서 '어느 하나가 실제로 잘 맞지 않는다고 해서' 그 전통 전체를 싸잡아서 믿을 수 없다고 매도할 수는 없다. 모든 과학이 계속 성장하고 변하며, 수많은 이론이 나타났다가 사라진다. 어떤 것은 폐기되고 어떤 것은 정밀하게 다듬어지며 또 어떤 것은 보다 큰 이론에 흡수되기도 한다. 천문 해석도 예외가 아니다. 그러나 제대로 이해만 한다면, 천문 해석의 '기본 원리'는 아주 믿을 만하다.

필자는 특히 천문 해석 심리학이 현대에 쓸모가 있다고 믿는다. 물론 진지한 학생이라면 단단히 결심하고 과연 그런지 안 그런지 스스로 탐구해 봐야만 하겠지만, 천문 해석 심리학은 우주적 심리학이라고 할 만한 정당한 이유가 있다. 이 책은 사실 우주적 심리학인 천문 해석에 대한 가이드라인과 몇 가지 기본 원리를 설명하고자 쓴 것이다. 천문 해석의 기본 요소들이 인간 심리에서 무엇을 의미하는지를 진정으로 이해하고 현대적인 언어로 정확하게 해석한다면, 계속 변하는 이론이나 일시적으로 유행하는 여타의 심리학 이론보다 '인간 본성'의 신비에 대해서 훨씬 더 밝은 빛을 비춰 줄 것이다.

---

* 과학의 정의와 천문 해석이 어떻게 과학일 수 있는가에 대한 보다 광범위한 논의는 필자의 다른 책 『The Practice & Profession of Astrology』를 참조.

인간의 행동과 그 동기에 대해서 대부분의 현대 심리학은 추측에 의존하다. 또한 '유전적인 요인'과 환경적인 요인'이라는 가설을 해독할 수 없는 상태로 범벅을 해 놓는다. 이렇게 합성된 이론은 이론 주창자의 체험과 선입견이 투사된 한 개인의 견해에 지나지 않는 경우가 수두룩하다. 반면에 천문 해석은 하늘이라는 광대한 화폭에 보다 믿을 만한 다양한 물감으로 인간의 본성을 그린다. 따라서 인간의 가능성을 훨씬 더 폭넓고 명확하게 묘사한다. 천문 해석의 기본 요소들을 제대로 이해하고 적절하게 적용한다면, 오랜 세월 수많은 사람들의 관찰에 토대를 두고 있는 진정한 의미의 심리 과학이라고 당당히 선언할 수 있다. 물론 천문 해석의 신뢰성을 떨어지게 만든 과거의 모습에 대해서도 정직하게 시인하고 반성해야 할 것이다.

심리학은 궁극적으로 우주의 자녀인 인간에게 생기를 불어넣어 살아가도록 만드는 우주적인 에너지를 다루는 구조를 갖출 필요가 있다. 천문 해석은 우주라는 틀 안에서 인간을 생각하는, 그래서 인간의 기본적인 본성에 의식을 조율시키며 깊은 차원의 자기 이해를 증진시키는 독특한 역량을 지니고 있다. 필자가 아는 범위에서는 인간 내면의 동기나 의식의 '속성'이나 체험을 천문 해석만큼 명확하고 단순하고 정확하게 보여 주는 그 어떤 이론이나 기법이 없다. 인간을 설명하기 위한 천문 해석이 올바로 활용된다면 복잡한 다른 말이나 이론을 덧붙일 필요가 없다. 천문 해석은 '사람 속에서 그리고 사람을 통해서 활동하고 있는 우주적인 생명 에너지의 작동 상황을 아주 쉽게 설명'할 수 있다.

만약 천문 해석이 실제로 그렇게 심오하고 뛰어난 심리 과학이라면 이것을 어떻게 효과적으로 소개할 수 있을까? 지금 '천문 해석자'들은 변함없이 비웃음의 대상이 되어 있고, 사회적으로 거의 존경을 받지 못하고 배척을 당하며, 이익을 위해서 선동적으로 선전하는 몇몇 매스컴

스타를 제외하고는 수입도 변변치 않은 상태다. 필자는 이 문제에 관해서 이전 책『The Practice & Profession of Astrology』에서 충분히 탐색해 보았다. 그러므로 더 깊은 논의가 필요하다면 그 책을 참고하면 좋을 것이다. 하지만 천문 해석을 직업으로 삼고 있는 사람이나 앞으로 이 영역에서 활동할 사람들에게 자극과 격려가 되도록 그 책에서 다루지 않은 새로운 아이디어를 하나 소개하려고 한다.

천문 해석을 자기 이해를 돕고 우주의 리듬과 조화를 이루는 삶을 위해서 개인적으로 사용하는 것과는 별도로, 필자는 여러 해 동안 일대일 상담에서 상당히 큰 효과가 있으며 내담자의 문제를 치유할 수 있는 가능성을 갖고 있음을 느꼈다. 경험에 의하면, 내담자의 참석 여부와 상관없이 그냥 차트를 '리딩'하는 것보다 내담자와 대화를 나누어 가면서 차트를 리딩할 때 천문 해석 정보의 정확성과 유용성이 훨씬 커진다. 그래서 앞으로 직업 영역에서 '천문 해석 상담가' 또는 '임상 천문 해석자' 등의 명칭으로 불리지 않을까 생각한다. 이 같은 전문 직업으로 자리를 잡으려면 목적을 분명히 정의하고, 통일된 기준을 마련해야 할 것이다. 또한 수준 높은 실무 경험을 제공할 수 있어야 한다. 단도직입적으로 말하자면 천문 해석이 새로운 직업으로 자리를 잡으려면 높은 기준이 확립되어야만 하고, 까다로운 요구 조건들이 충족되어야 할 것이다. 물론 그렇게 되기까지는 여러 해가 걸릴 것이다. 그리고 천문 해석에 반대하는 사람들의 선입견이 강하기 때문에 그 결실을 보는 과정이 느리게 진행될 것이다. 그러나 지적이고 유능한 사람들이 천문 해석을 직업으로 선택해서 이 일로 생계를 유지할 수 없다면 그들을 이 영역으로 끌어들일 수 없을 것이고, 그러면 천문 해석이 발전하기 어렵고, 일반인들이 기대하는 수준 높은 서비스를 제공하는 것이 불가능할 것이다.

2장
이 책을 활용하는 방법

"경전의 말이 무엇을 가리키는지 탐구하고,
말 뒤에 숨어 있는 말이 가리키고 있는 그것을 바라보라.
그것을 발견한 다음에는 말을 버려라.
체질을 해서 왕겨에서 곡식을 골라내듯이
경전을 읽을 때 영적인 의미를 찾도록 애쓰라.
그리하여 어떤 말의 내면의 의미를 알아차렸다면
경전을 버려라."

—『우파니샤드』

출생 차트에 나타나는 중요한 요소들을 모두 설명하는 것이 이 책의 목적이 아니다. 또한 다른 사람에게 인상적인 감명을 주기 위한 선동적인 표현이나 인스턴트 '지식'을 전달하려는 목적을 지니고 있지도 않다. 많은 사람들이 대중적인 인기에 영합함으로써 천문 해석의 뛰어난 장점이 빛을 발하지 못하도록 하고 있다. 매스컴의 선정적인 감각주의에 영합하려고 발버둥치는 모습은 미묘하고 심오한 과학인 천문 해석이 취할 바람직한 태도가 아니다. 이 책에서 다루고 있는 내용은 독자들이 얼마나 집중해서 심사숙고하느냐에 따라 그 이해의 깊이가 깊어질 것이다. 이 책의 목적은 출생 차트를 해석하는 데 실제적인 도움을 주기 위한 것이다. 상담자, 가르치는 선생이나 배우는 학생들은 이 책에서 다루고 있는 해석 가이드라인을 기초로 출생 차트, 차트 당사자, 고려해야 될 여러 상황 등에 대해서 좀 더 정교하고 확장된 의미를 이끌어 낼 수 있을 것이다.

중요한 단어는 '가이드라인'이다. 가이드라인이란 어디론가 인도하는 역할을 하는데, 이 책의 경우 출생 차트와 사람 그리고 천문 해석 자체에 대한 보다 깊은 이해로 인도한다는 뜻으로 이 말을 썼다. 독자들은 이 책에 있는 내용을 수동적으로 인용하는 수준에서 이용하기보다는 개인적 성찰, 그리고 상담 상황에서 보다 근본적인 사실, 느낌, 내면의 체험 등에 대한 대화의 '발판'으로 사용한다면 이 책이 아주 유용하다는 사실을 알게 될 것이다. 이 책을 깊은 자아, 미묘한 느낌과 리듬, 그리고 우리가 종종 무시하고 넘어가는 내면의 욕구 등과 조율하는 데 쓴다면 또는 그런 것과 조율하도록 다른 사람을 돕는 데 쓴다면 인생의 의미와 목적을 이해하고 그것과 조화를 이루는 데 도움이 되는 자기만의 천문 해석을 발전시킬 수 있을 것이다. 이런 천문 해석은 개인의 독특한 상황을 무시하고 장황한 자료를 늘어놓은 대부분의 책이나 피상적인 언급이 주류를 이루는 컴퓨터 프로그램이 제공하는 자료보다 훨씬 더 깊고 유용하고 정확하다.

앞에서 언급한 것처럼 천문 해석 작업에서 높은 수준의 정확성을 확보하려면 내면의 체험에 초점을 맞춰야만 한다. 필자는 특히 천문 해석에 새로 입문하는 사람들에게 우주적인 과학의 유형이기 때문에 '모든 것'을 '설명'할 수 있을 것이라고 생각하지 않도록 주의를 주고 싶다. 실무로 활동하는 천문 해석자들, 그리고 이제 막 입문한 열정으로 들뜬 학생들이 대개 이런 잘못된 가정을 갖고 있다. 천문 해석을 모든 것에 적용할 수 있고 그 모든 것에 대해서 엄청나게 정확한 정보를 제공한다는 믿음에서 많은 유감스러운 결과가 나온다. 필자는 그런 몇몇 사례를 다른 책에서 살펴본 바 있다. 천문 해석자들이 기존의 이론으로는 설명할 수 없는 어떤 상황을 설명하기 위해서 차트에 새로운 요소들을 계속 도입하려는 유혹을 받는 현상이 최근에 두드러지게 나타나고 있다. 궁극적으로 그들은 새로운 요소를 도입함으로써 삶의 아주 세세한 부분까지 '설명'할 수 있으리라 기대한다. 그러나 헛된 노력일 뿐이다. 삶이란 무한히 다양한 에너지의 춤이다. 그리고 인생의 신비, 참나, 인간의 영혼은 언제나 우리의 지적인 이해 너머에 있다. 이런 이유 때문에 필자는 이 책을 자기와 다른 사람을 보다 깊이 이해하려는 사람들을 위한 안내서로, 천문 해석의 기본이 되는 요소에 대한 가이드라인만을 제공하는 목적으로 집필했다. 이러한 가이드라인이나 차트 해석에 대한 다른 설명은 '결정적' 또는 '완결된' 해석이 될 수 없다. 인간의 삶에서 '완결'이란 없다. 모든 것이 항상 변화와 변형을 겪는다.

거듭 말하지만 천문 해석이 모든 것을 '설명'할 수 있으리라 생각하면 안 된다. 인생을 궁극적으로 이해하려면 종교나 철학이나 신비주의로 눈을 돌려야 한다. 비록 천문 해석이 많은 사람들이 믿고 싶어 하듯이 모든 것을 '설명'해 주는 도구는 아니지만 그래도 큰 그림을 비추어 주는 훌륭한 '거울'인 것만은 사실이다. 천문 해석은 어둠과 혼란스러운 영역에 빛을 비춰 준다. 그러나 해석자가 그 빛에 초점을 맞출 수 있을 때에만 그런 역할을 할 수 있다. 그렇지 못하면 빛은 산란되어 흩어져서 희미해진다. 빛을 비추어 삶의 모르는 영역을 이해할 수 있도록 해 주는 이 우주적인 언어의 멋진 상징은 해석자의 렌즈가 깨끗하고 투명하지 않으면 쉽게 왜곡되거나 빛을 잃는다. 천문 해석의 기본적인 의미에 '초점을 맞춰서' 복잡하기 그지없는 인생과 인간의 본성에 대해서 알지 못하고 있던 부분에 빛을 비출 수 있는 깨끗한 렌즈를 구비하도록 돕는 것이 이 가이드라인의 목적이다.

필자는 독자들이 전통적인 천문 해석의 기본 요소들을 어느 정도 알고 있다고 가정하고 이 책을 썼다. 그래서 다른 기본적인 책들에서 쉽게 접할 수 있는 기초적인 이야기들은 반복해서 다루지 않았다. 또한 독자들이 적어도 자신의 출생 차트를 갖고 있고, 행성들이 어떤 싸인과 어느 하우스에 들어가 있는지 정도는 알고 있다고 보고 이 책을 썼다. 완전한 초보자라면 차트의 중요한 기본적인 요소들에 대해서 잘 알고 있는 사람에게 설명을 듣는 것이 좋을 것이다. 또한 가능한 한 천문 해석과 관련된 폭넓은 독서를 하는 것이 좋다.* 초보자에게는 될 수 있는 대로 많은 사람의 차트를 보면서 공부하는 다른 사람들과 격의 없는 대화를 상세히 나누기를 권한다. 그때 이 책에서 제시한 가이드라인을 활용하면 도움이 될 것이다. 그리고 혼란스럽고 잘 알 수 없다는 것을 인정하는 것을 두려워하지 말아야 한다. 천문 해석의 언어는 많은 사람들과 정직한 대화를 나누면서 실수와 검증 과정을 거치지 않고서는 살아 있는 언어가 될 수 없기 때문이다. 이런 실험적인 대화를 반복하는 과정에서 차트 당사자가 직면하고 있는 문제와 그 사람의 깊은 동기와 본성 그리고 이런 문제들에 천문 해석이 어떻게 빛을 비춰 줄 수 있을 것인가 등이 자연스럽게 결합될 수 있다.

---

* 어떤 책을 읽을 것인가에 대한 가장 중요한 지침은 '독자가 사용하는 언어로 말하는' 필자를 찾아야만 한다는 것이다. 또한 천문 해석 분야의 거목들 예를 들면 데인 러디아르, 마가렛 혼Margaret Hone, 찰스 카터Charles Carter 등의 저술을 읽는 것이 좋다. 물론 천문 해석 심리학을 현대 언어로 잘 표현해 낸, 지금 활동하고 있는 뛰어난 저술가들의 글도 폭넓게 읽으면 좋을 것이다. 이 책의 내용을 보충할 수 있는 필자의 다른 책들도 읽기를 권한다. 초보자들에게는 특히 『Astrology, Psychology & the Four Elements』를 읽기를 권한다. 이 책은 에너지를 설명하는 언어로서의 천문 해석에 관한 많은 기본적인 것들과 접근 방식에 대해 합리적으로 이해할 수 있도록 자세하게 쓴 것이다. 이 밖에도 가치 있는 책들이 일일이 다 언급할 수 없을 정도로 많은데, 그에 대해서는 필자의 책 『Astrology, Karma & Transformation』에 포함되어 있는 '권장 도서 목록'을 참고하길 바란다. 특히 마샤 무어Marcia Moore와 마크 더글러스Mark Douglas의 『Astrology: The Divine Science』를 읽어 보길 바란다.

이 책을 가장 효과적으로 활용하기 위해서는 그것이 긍정적인 것에 대한 표현이든지 또는 부정적인 것에 대한 표현이든지 간에 이 책에서 설명하고 있는 모든 해석이 얼마나 정확한지에 열린 마음을 갖고 관심을 기울일 필요가 있다.[내담자가 듣기 좋은 소리만 하는 것이 상담에서 천문 해석을 도구로 쓰는 사람의 임무는 아니다!] 여러 종류의 책을 읽어 본 독자는 많은 필자들이 '양자택일' 방식으로 진술하는 함정에 빠져 있다는 것을 알 것이다. 물론 삶의 복잡함과 미묘함을 다루기보다는 그렇게 하는 것이 생각하기도 쉽고 글을 쓰기도 쉽다. 또한 천문 해석이 제공하는 자료들을 분명한 범주로 묶어서 표현하고 싶은 유혹을 떨쳐 버리기가 쉽지 않은 것도 사실이다. 필자도 과거에 그런 식으로 글을 쓴 적이 여러 번 있다. 그러나 인생이 그렇게 단순한 것이라면 천문 해석에 대한 이해와 상담이 훨씬 더 쉬울 수 있을 것이다.

그러나 삶에서는 긍정적인 측면과 부정적인 측면이 함께 나타나는 경우가 많으며, 날줄과 씨줄로 천을 짜듯이 각자 자기만의 방식으로 독특하게 얽혀 있어서 간단하게 분류해서 설명하기가 몹시 어렵다. 거의 모든 사람이 성향, 동기, 특성에 있어 '긍정적'인 부분과 '부정적'인 부분을 함께 가지고 있다고 보는 것이 현실성 있는 견해다. 그리고 여러 가지 점에서 어떤 사람에게는 '부정적'인 성향으로 보이는 것이 다른 사람에게는 훌륭한 자질로 보일 수 있다. 예를 들어 어떤 사람은 에리즈의 마찰을 일으키는 성마른 성질을 싫어할 수 있다. 그러나 다른 사람은 에리즈의 상황을 고려하지 않는 솔직함과 행동 지향적인 성격을 매우 높이 평가할 수도 있다. 다시 말해, 많은 '해설서'들에 천문 해석이 양자택일식의 정보를 주는 것처럼 가볍게 묘사되어 있지만, 천문 해석은 단순하게 흑백 논리에 토대를 둔 그런 학문이 아니다. 무한히 다양한 에너지 스펙트럼과 그 조합을 다루는 미묘한 과학이다. 정통 심리학의 전형적인 여러 '성격 이론'과는 달리, 천문 해석은 개성과 성질과 창조적인 가능성에 대한 무한한 뉘앙스를 다룬다. 심리학자 랠프 메츠너Ralph Metzner 박사는 이렇게 말했다.

> "심리학자로서 그리고 정신 요법 의사로서, 나는 매혹적이면서도 당혹스럽게 만드는 이 주제를 다루는 다른 방식에 늘 관심을 가지고 있었다. 우리에게는 지금까지의 심리학적인 유형론이나 유형 분석 도구보다 훨씬 더 복합적이고 정교한 분석 도구가 있다. … 조디액의 '싸인'과 '하우스'와 '행성들의 어스펙트'라는 상징적인 세 알파벳이 서로 맞물려 있는 이 분석 구조가 인간의 유형, 성향, 동기, 욕구, 요인, 단계 등을 분석하는 여타의 이론이나 방식보다 인간의 복합적이고 다양한 본성을 설명하는 데 훨씬 더 적합할 것이다."
>
> — 'Astrology: Potential Science & Intuitive Art'
>
> (「The Journal of Astrological Studies」 1970)

천문 해석을 처음 배우는 사람은 기본적인 출생 차트조차 해석하려면 대단히 많은 선택 사항이 있기 때문에 당황스러워하는 경우가 많다. 그래서 '무엇에 초점을 맞춰야 할까'와 '제한된 상담 시간 안에 무엇을 강조해서 설명해야 하는가'는 중요한 문제가 아닐 수 없다. 그러나 이런 문제*에 대한 안내를 제공하고 있는 책은 그리 많지 않은 것이 현실이다. 이런 질문에 대해 산만한 대답만이 이 책 저 책에 어수선하게 흩어져 있는 정도다. 필자는 이전에 출판한 책에서 이 문제에 대한 보다 명확한 대답을 제시하려고 애썼다. 그리고 이 책은 구성 자체를 출생 차트를 구

---

* 트레이시 마크Tracy Mark의 『The Art of Chart Interpretation』은 차트의 여러 요소들 중에서 중요성의 우선순위를 분별하는 방식을 잘 설명하고 있는 보기 드문 책 가운데 하나다.

성하고 있는 다양한 요소들의 상대적인 중요성에 맞췄다.

　이 책에서 가장 중요하게 다룬 것은 기본적인 에너지인 4원소와 퍼스널 플래닛personal planet(썬, 문, 머큐리, 비너스, 마스)의 싸인 위치와 원소라고 할 수 있다. 외행성outer planet(유레너스, 넵튠, 플루토)은 하우스 위치나 퍼스널 플래닛과의 관계 때문에 개인에게 강한 영향력을 나타낼 경우를 제외하고는 강조하지 않았다. 필자는 처음 배우는 사람들이 예를 들어 유레너스의 싸인 위치나 외행성들끼리 맺은 어스펙트를 지나치게 강조하는 경우를 종종 보았다. 그러나 그 행성들은 진행하는 속도가 느리기 때문에 한 싸인에 머무는 기간이 길고 그들이 맺고 있는 어스펙트 역시 상당한 기간 동안 그 구성을 유지한다. 따라서 외행성이 '퍼스널 플래닛'이나 어센던트 등과 어스펙트를 맺고 있지 않은 이상 '개인'에게 영향을 주는 요소 역할을 하기보다는 그 기간에 태어난 동시대 사람들의 특성을 해석하는 지표 역할을 한다. 그래서 출생 차트의 '기본'을 이해하고 사용할 수 있도록 하는, 엄밀한 의미의 가이드라인을 위해서는 그런 세부 사항까지 포함시킬 이유가 없다. 출생 차트를 해석하려는 사람은 가장 먼저 다섯 퍼스널 플래닛과 어센던트에 초점을 맞춰야 한다. 그런 다음에 이런 기본 요소에 색깔을 입히고 에너지를 조정하는 다른 요소들을 고려해야 한다.

　예를 들어서 넵튠이 어센던트Ascendant나 반대편인 디센던트Descendant에 컨정션conjunction되어 있다면 주인공의 개성과 에너지 장에 대단히 중요한 영향을 미친다. 이런 경우 넵튠이 싸인 때문에 중요성을 띠는 것이 아니라 차트에서 '기본적인 포인트와 맺은 관계 때문에 중요한 요소로 작용'한다. 또 다른 예로 유레너스나 플루토가 썬과 '거의 정확한' 어스펙트를 맺었을 경우, 주인공의 의식은 유레너스나 플루토에 강하게 조율된다. 이것도 유레너스나 플루토의 싸인 때문이 아니라 썬과의 어스펙트로 말미암은 에너지 진동이 강해지기 때문에 생기는 현상이다.

이렇듯이 퍼스널 플래닛이 중요하기 때문에 이 책에서는 퍼스널 플래닛의 싸인에 따라 다르게 나타나는 양상에 대해서 다양한 가이드라인을 제시했다. 여기에 쌔턴과 주피터의 싸인에 대한 설명도 포함시켰다. 에너지 관점에서 천문 해석에 접근하려는 초점을 유지하기 위해서 각 싸인의 원소와 행성들이 어떤 원소 싸인에 들어가 있을 때 어떤지에 대해서도 간략한 가이드라인을 첨부했다. 이 책에 실린 원소에 대한 설명과 행성들의 싸인에 대한 가이드라인만 가지고도 대단히 정확하고 훌륭한 해석을 할 수 있을 것으로 본다.

퍼스널 플래닛 다음으로 중요한 요소는 어센던트다. 라이징 싸인(어센던트)에 대해서는 썬 싸인 설명과 비슷한 키워드를 나열하는 방식 대신에 처음 배우는 사람들이 대개 당혹스러워 하는, 썬 싸인과 라이징 싸인이 같은데 나타나는 현상은 차이가 나는 부분을 설명하는 데 역점을 두었다. 썬 싸인과 라이징 싸인의 차이(예를 들면 토러스 썬과 토러스 어센던트의 차이)에 대해서는 이 책에서 언급한 것 외에도 훨씬 더 많이 열거할 수 있다. 하지만 간결한 가이드라인을 제공한다는 이 책의 목적에 따라서 필자가 여러 해 동안 관찰한 둘 사이의 명백한 차이 몇 가지만 언급했다.

하우스를 다룬 장에서는 모든 하우스에 대한 해석을 도출할 수 있는 근거가 되는 전체론적인 원리와 차트를 리딩할 때 해석자 자신이 스스로 '조합'해서 쓸 수 있도록 다양한 가이드라인을 제공하는 데 초점을 맞췄다. 달리 말하자면, 하우스에 대해서는 행성과 하우스의 다양한 조합이 상징하는 차트 주인공의 '내적인 삶과 외적인 삶'에 나타날 수 있는 가능성 있는 무수한 현상에 대해서 독자들 스스로 생각해 보기를 원했다.

어스펙트를 다룬 장에서는 어스펙트의 종류보다는 특정한 행성 둘이 어스펙트로 관계를 맺으면 어떤 상황이 벌어지는지에 대해서 강조했다.

모든 스퀘어square를 같은 그룹으로 본다든지 모든 트라인trine을 같은 그룹으로 분류하는 식의 전통적인 방식은, 모든 스퀘어는 '나쁘다' 또는 '어렵다' 그리고 모든 트라인은 '좋다' 또는 '쉽다'는 등의 잘못된 생각에서 벗어나지 못하게 한다. 이런 식으로 분류하는 습관은 어스펙트에 대한 옛날 방식의 제한된 견해를 떨쳐 버렸다고 공언하는 사람들 가운데에도 잠재의식적으로 여전히 남아 있는 경우가 많다. 어떤 어스펙트냐보다 어스펙트로 맺어진 행성이 자리 잡고 있는 두 행성의 싸인의 기능이 얼마나 '조화를 이루는지' 그리고 차트 전체의 구조에 어스펙트가 어떻게 통합되어 있느냐가 훨씬 더 중요하다.

'어디에 초점을 맞춰야 될지' 난감해 할 독자들에게는 필자가 여러 학생들에게 해 준 충고를 반복해서 들려주고 싶다. 비록 차트의 아주 작은 부분밖에는 이해하지 못한다고 느낄지라도 이해하고 있는 그것을 따라가라. 그러면 그 작은 부분에 대한 이해가 결국에는 차트의 구조나 차트의 나머지 중요한 주제들로 인도할 것이다. 그리고 '완벽한 해석'을 하지 못할까 봐 걱정하지 마라. 완벽한 해석이란 어차피 불가능하다. 차트의 끝없는 세부 사항에 사로잡혀서 헤매기보다 주인공의 성격과 삶에서 '중요한' 역할을 하는 요소에 초점을 맞추고 그가 어떤 사람인지를 파악하는 데 주력하는 것이 훨씬 바람직하다. 출생 차트는 오로지 살아 있는 사람을 표현하고 있는 것이기 때문에, 차트가 보여 주는 양상들이 복잡하게 얽혀 있는 주인공의 전체 삶과 개성의 표현으로 보이고, 주인공의 삶으로서의 그런 양상들이 보다 깊이 이해되고 받아들일 수 있을 때 소위 '완벽한 차트 해석'이란 것이 가능할 것이다.

끝으로, 천문 해석을 가르치고 배우는 것은 어느 선까지만 가능하다. 정확하고 다른 사람에게 도움이 되는 해석을 하기 위해서는 훌륭한 형태의 천문 해석의 지식 체계를 배울 필요가 있다. 그러나 기본과 철학과 해석 원리를 배운 다음에는 천문 해석 그 자체보다는 해석자의 자질이 문제가 된다. 지식 체계를 현실에 적용하는 것은 일종의 예술이며, 따라서 해석자에게는 예술가로서의 섬세한 통찰력이 요구된다. 그래서 어떤 부류의 예술가이냐가 문제가 된다. 해석자가 우주적인 요소들을 투명하게 비추는 초점이 잘 맞는 깨끗한 렌즈인가? 이런 문제 때문에 해석자의 개인적인 성숙도나 신념, 이상이나 민감성이 예술적인 해석에 얼마나 효과적이고 유익할지를 결정하는 중대한 요인이 된다.

'개방적인 태도'를 갖고 있는 어떤 해석자들은 특정한 형태의 이론에 종속되기를 거부한다. 하지만 어떤 종류가 됐든지 이론은 여전히 중요하다. 아인슈타인이 말했듯이 "이론이 무엇을 관찰할지를 결정"하기 때문이다. 따라서 해석 작업을 위한 명확한 관점과 흔들리지 않는 토대를 마련하기 위해서는 천문 해석에 대한 철학과 그 철학에 맞는 기본적인 이론과 적용 방식을 확립하는 것은 필수다.

개인의 성숙도에 따라 삶과 인간을 이해하는 눈이 달라지기 때문에 개인적인 성숙도는 어쨌거나 중요하다. 지성은 그 사람의 의식 수준(또는 혼의 성숙도)의 범위 안에서 작용한다. 그러므로 해석자가 궁극적으로 추구할 것은 내적인 성숙이다. 내적인 성숙은 천문 해석에 대한 정련된 이해와 효과적인 사용을 가능하게 할 뿐만 아니라 존재의 진화로 가는 유일한 길이다.

천문 해석의 기본 개념

천문 해석을 이해하기 위해서는 다음과 같은 개념과 의미를 충분히 알고 있어야 한다.

원소: 경험을 구성하는 에너지 재료.

싸인: 기본적인 에너지 패턴. 싸인의 에너지 패턴에 따라서 경험이 특별한 성질이나 기질을 띠게 된다.

행성: 에너지 흐름을 조정하며, 어떤 차원의 경험을 하게 되는지를 보여 준다.

하우스: 어떤 에너지가 가장 쉽게 표현되는 인생의 영역, 또는 어떤 에너지를 가장 직접적으로 만나게 되는 인생의 영역을 보여 준다.

어스펙트: 경험의 역동성과 강도 곧 서로 다른 에너지들이 어떻게 상호 작용하는지를 보여 준다.

이상의 다섯 가지가 광범위한 우주적 심리학이랄 수 있는 천문 해석을 구성하는 요소다. 천문 해석은 이 다섯 가지 요소를 결합해서 에너지 상태를 설명하는 언어를 구성하는 예술이다.

다섯 가지 요소는 이런 식으로 결합한다. (특정한 행성이 보여 주는) 특정 차원의 경험은 각 개인의 차트에서 그 행성이 자리 잡고 있는 싸인의 성질이나 기질에 필연적으로 물들게 된다. 이 둘의 결합으로 말미암아 이 에너지를 표현하려는 충동이 일어나거나, 이 결합이 보여 주는 어떤 특별한 상태를 성취하려는 욕구가 생긴다. 그리고 싸인의 기질에 물든 행성 에너지를 가장 쉽게 직접적으로 표현할 수 있는 인생의 영역이 있는데, 그 행성이 들어가 있는 하우스가 그 영역이 어디인지를 보여 준다. 행성과 싸인의 결합으로 어떤 차원의 경험을 어떤 식으로 경험하고자 하는지를 알 수 있지만, 그 에너지가 쉽고 조화롭게 표현될 수 있는지 그렇지 못한지는 그 행성이 다른 행성들과 맺고 있는 특정한 어스펙트(각도)를 보고 알 수 있다.

4원소

불 기운(화)
흙 기운(토)
바람 기운(공)
물 기운(수)

"이게 세상을 이해하는 출발점이라는 뜻인가?"
"그래, 맞네!"

© 1988 「Los Angeles Herald」

3장
4원소와 12싸인

　전통적으로 천문 해석에서 '4원소'는 인간이 공통적으로 인식하는 이 세상을 구성하고 있는 활기의 힘(또는 에너지)을 가리킨다. 출생 차트가 보여 주는 4원소의 배분 상태는 그 사람이 존재의 어떤 에너지 영역에 조율되어 있으며, 어떤 에너지 영역의 삶에 가장 쉽게 적응할 수 있는지를 보여 준다. 천문 해석에서 언급되는 4원소는 화학에서 말하는 원소와는 아무 상관이 없다. 출생 차트는 태어나서 첫 호흡을 하는 순간을 기준으로 그린다. 첫 호흡을 하는 순간 그 순간의 우주적인 에너지와 조율되어서 그 에너지를 평생 지니고 살게 된다. 그러므로 어떤 사람의 출생 차트는 그 사람의 에너지 패턴 곧 우주를 구성하고 있는 4원소 에너지가 그 사람 속에 어떻게 조율되어 있는지를 보여 준다. 다른 말로 하자면, 출생 차트는 차트의 주인공이 이 세상에서 경험하고 표현하게 될 다양한 에너지 진동 패턴을 상징적으로 보여 준다고 할 수 있다.

　4원소 – 화Fire · 토Earth · 공Air · 수Water – 는 모든 사람의 내면에서 작용하고 있는 에너지 또는 의식을 보여 주는 가장 기본적인 분류다. 모든 사람이 각자 특정 유형의 에너지에 의식적으로 더 잘 조율되어 있다. 4원소는 에너지의 진동 양상에 따라서 저마다 '카디널Cardinal, 픽스드Fixed, 뮤터블Mutable'로 구분된다. 4원소와 세 진동 양상을 결합하면 모두 '12가지 기본 에너지 패턴'이 나오는데, 이것을 조디액Zodiac 12싸인이라고 부른다. 12싸인을 에너지의 진동 양상에 따라 카디널 싸인, 픽스드 싸인, 뮤터블 싸인으로 분류한다. '카디널 싸인'은 행동과 관련이 있으며, 에너지가 명확한 방향성을 가지고 진취적으로 움직이는 양상을 띤다. '픽스드 싸인'은 내면의 중심을 향해서 에너지를 응집하고 그 중심에서 에너지를 발산하는 양상을 띤다. '뮤터블 싸인'은 유연성과 끊임없는 변화의 양상을 띠는, 에너지 진동이 나선형 패턴으로 일어난다.

중요한 행성이나 여러 행성이 어떤 싸인에 자리 잡고 있을 경우, 그 싸인의 원소가 그 사람의 정신적인 성향이나 세상을 인식하는 태도에 크게 영향을 미친다.

불 싸인: 밝고 따뜻한 기운을 발산하며, 삶에 활력을 불어넣는 열정, 믿음, 격려, 자기를 표현하려는 추진력 등과 관련되어 있다.

흙 싸인: 물질세계에 조율되어서, 물질세계를 실용적으로 이용하고 증진시키는 능력과 관련되어 있다.

공기 싸인: 마음, 인지, 표현, 특히 상호 의사소통과 추상적인 아이디어와 기하학적인 사고 형태와 관련되어 있다.

물 싸인: 차분함, 정서적인 민감성, 느낌으로 반응하는 것, 동정심, 연민, 감정의 치유, 타인에 대한 공감 등과 관련되어 있다.

4원소는 전통적으로 두 그룹으로 분류된다. '불과 공기'는 활동적이고 '자기표현에 적극적인' 반면에, '물과 흙'은 수동적이고 수용적이며 '자기표현을 자제하는' 경향이 있다. 출생 차트를 한눈에 조망하기 위해서는 이 차이를 인식하는 것이 대단히 중요하다. 출생 차트에 나타난 4원소의 배분은 그 사람의 '에너지가 작동하는 방식' 곧 자기를 표현하는 방법을 알려 준다. 이것은 사람의 성격을 일반화시켜서 임의적으로 만든 범주 안에 집어넣어 조악하게 분류하는 것과는 다르다.

예를 들어 물과 흙 싸인은 불과 공기 싸인보다 내성적이며, 자기 세계에서 사는 경향이 더 강하다. 이들은 상황을 충분히 고려하거나 어떤 예상이 없는 상태에서는 자신의 고유한 에너지를 외부로 발산하지 않는다. 그러나 이런 성향은 확실한 행동의 토대를 만드는 데 도움을 준다. 반면에 불과 공기 싸인은 보다 '적극적으로' 자기표현을 하는 경향이 있다. 이들은 자신의 에너지와 자원을 남김없이(때로는 한계를 인식하지 못하고) 쏟아 내려고 한다. 불 싸인은 직접적인 행동으로, 공기 싸인은 사회적인 교류나 언어적인 표현으로 에너지를 쏟아 낸다. 원소의 이런 특징은 대개 같은 원소로 이루어진 싸인(예를 들면 에리즈, 리오, 쌔저테리어스 – 모두 불)이 서로 잘 어울리게 하며, 같은 그룹의 원소(예들 들면 토러스와 파이씨즈 – 흙과 물, 에리즈와 리브라 – 불과 공기)끼리도 잘 어울릴 수 있게 한다. 원소들 사이의 '친화성'에 대한 이해는 개인의 차트를 해석하는 경우는 물론이고 두 사람이나 여러 사람의 차트를 비교할 때 대단히 중요한 역할을 한다.

특정 원소의 서로 다른 싸인은 동일한 원소가 어떻게 에너지를 다르게 표현하는지, 에너지의 패턴이 어떻게 다르게 전개되는지를 보여 준다.

불 싸인: 에리즈, 리오, 쌔저테리어스

불 싸인은 일반적으로 방사하는 에너지이며, 이들이 방출하는 흥분과 열정의 에너지를 통해서 세상은 다채로워진다. 진취적 기상, 자신감, 지칠 줄 모르는 힘, 직선적인 솔직함 등이 모두 불 싸인의 특징이다.

기본 개념:
방사하는 에너지, 자신감, 진취성

특징과 키워드:
두려움 없는 추진력
진취적 기상
열정
힘
직선적인 솔직함(때로는 무모할 정도로)
개방성-외향성
거리낌 없는 자기표현
앞장서려는 의지 및 리더십
자기 현시적
참을성 부족-성급함

흙 싸인: 토러스, 버고, 캐프리컨

흙 싸인은 감각(오감)과 현실성에 강하게 의지한다. 물질세계가 어떻게 작용하고 있는지를 선천적으로 이해하고 있기 때문에 다른 싸인보다 인내심과 자제하는 능력이 강하다. 흙 원소는 조심성, 계획성, 보수성, 믿음직스러운 경향이 있다. 흙 싸인에게는 이 세상에서 자신의 안전한 영역이 어디인지를 아는 것이 무엇보다도 중요하다. 이들에게는 안전하게 살아남는 것이 평생 변하지 않는 목표이기 때문이다.

기본 개념:
물질세계를 요리하는 현실적인 능력

특징과 키워드:
물질세계에 조율되어 있음
육체적 감각이 발달되어 있음
현실성
인내심
자제심
지속성
조심성
믿음직스러움
계획성
보수성

공기 싸인: 제머나이, 리브라, 어퀘리어스

공기 싸인은 요가 수행자들이 '프라나prana'라고 부르는 호흡과 관련된 생명 에너지를 표현한다. 공기 영역은 물질세계 너머에 존재하는 원형적인 관념 세계다. 그래서 공기 원소 속에는 우주적인 에너지가 생각과 관념이라는 특별한 형태로 활성화되어 있다. 공기 싸인은 당면한 일상생활에서 한 발 물러나서 합리적이고 객관적으로 상황을 조망하려는 내면의 욕구를 가지고 있다. 곧 당면한 문제를 생각과 관념으로 반추하며 그 일에 접근하려는 경향이 있다.

기본 개념:
정신적인 지각, 인지, 표현

특징과 키워드:
마음을 통해서 산다
심상화
합리적인 추론
사심 없는 태도로 객관적으로 조망함
이해하려는 갈망
말로 표현하고자 함
사회적인 관계에 대한 욕구
호기심과 전달하려는 욕구
타인을 개인으로서 자각함
개념과 원리

물 싸인: 캔서, 스콜피오, 파이씨즈

물 싸인은 다른 사람이 쉽게 알아차리지 못하는 뉘앙스와 민감한 느낌 차원에 조율되어 있다. 물 원소는 깊은 감정과 느낌으로 반응하는 영역을 가리킨다. 의식으로 컨트롤할 수 없는 정열, 숨 막힐 것 같은 두려움, 모든 것을 감싸 안아 수용하는 태도, 모든 것에 대한 사랑과 동정심 등이 모두 물 영역이다. 물 싸인은 영혼의 깊은 갈망을 실현하기 위해서는 평정을 유지하면서 내면을 깊이 관조해야 하기 때문에 외부의 영향력으로부터 자신을 지켜야만 한다는 것을 본능적으로 알고 있다.

기본 개념:
깊은 정서, 공감, 느낌에 반응함

특징과 키워드:
민감성
무의식 영역에 조율됨
직관
정화와 정결
심령의 민감성
깊은 관조
사생활의 비밀을 지키려는 성향
동정심에서 비롯되는 봉사
정서적 관계를 맺으려는 욕구

12싸인 각각의 보다 자세한 특징에 대해서, 그리고 같은 원소의 싸

인이라도 서로 어떻게 다른지에 대해서는 5장 맨 앞부분을 참고하기
바란다.

4장
행성

행성의 기본 개념

기본 기능

썬: 생명력(활력), '나'라고 하는 개체성에 대한 느낌, 창조적인 에너지, (영혼에 조율된 상태에서) 발산하는 내적 자아, 가장 근본적인 가치.

문: 반응, 잠재의식에 의한 선입관, 자기에 대한 느낌(자아상), 조건반사적인 행동.

머큐리: 의사소통, 의식적인 마음(이성적이고 합리적인 마음).

비너스: 정서에 물든 취향, 가치관, 다른 사람과 에너지를 주고받는 교류, 공유하고 나눔.

마스: 욕망, 행동하려는 의지, 진취성, 육체적인 에너지, 추진력.

주피터: 확장, 은총.

쌔턴: 응축, 노력.

유레너스: 개인주의적인 자유, 자아의 자유.

넵튠: 초월적인 자유, 통합, 자아로부터의 자유.

플루토: 변형, 죽음, 재생.

표현하고자 하는 충동

썬: 존재하고자 하는 충동, 창조하고자 하는 충동.

문: 심리적인 안정을 느끼려는 충동, 가정과 감정의 안정을 느끼려는 충동.

머큐리: 말이나 재주를 통해서 자신의 생각이나 지적인 능력을 표현하려는 충동.

비너스: 사회적인 교류에 대한 충동, 사랑과 애정을 표현하려는 충동, 즐거움에 대한 충동.

마스: 자기를 주장하려는 충동, 공격적인 충동, 성적 충동, 단호하게 행동하려는 충동.

주피터: 더 큰 질서에 따르려는 충동, 자기보다 더 큰 무엇인가에 연결되려는 충동.

쌔턴: 자기의 체제와 완전함을 지키려는 충동, 현실적인 성취를 통해서 안전을 보장받으려는 충동.

유레너스: 독창성을 발휘해서 차별화되려는 충동, 전통에서 독립하려는 충동.

넵튠: 자신의 한계와 물질세계의 한계를 벗어나려는 충동.

플루토: 완전한 재생에 대한 충동, 경험의 핵심에 도달하려는 충동.

욕구의 동기

썬: 자기를 표현하고 싶어서, 인정받고 싶어서.

문: 정서적으로 고요하고 싶어서, 소속감을 느끼고 싶어서, 스스로 옳다고 느끼고 싶어서.

머큐리: 다른 사람들과의 연결 고리를 만들고 싶어서, 배우고 싶어서.

비너스: 다른 사람과 친밀감을 느끼고 싶어서, 편안함과 조화로움을

느끼고 싶어서, 자신의 감정을 주고 싶어서.

마스: 욕망을 성취하고 싶어서, 육체적인 즐거움과 성적인 흥분을 경험하고 싶어서.

주피터: 자기 자신과 인생을 믿고 신뢰하고 싶어서, 삶을 확장하고 증진시키고 싶어서.

쌔턴: 사회적인 인정을 받고 싶어서, 자신의 자원과 스스로 노력해서 성취한 것에 의지하고 싶어서.

유레너스: 변화하고 싶어서, 제지받지 않고 즐겁게 자신을 표현하고 싶어서.

넵튠: 삶과 하나임을 체험하고 싶어서, 전체와 완전히 하나로 융합되고 싶어서.

플루토: 자신을 정련하고 싶어서, 고통을 통해서 과거의 것을 떠나보내기 위해서.

행성 기능의 긍정적인 표현과 부정적인 표현

모든 행성의 기능은 긍정적-창조적으로 표현될 수도 있고, 부정적-자기 파괴적으로 표현될 수도 있다. 다시 말해서 행성이 상징하는 개인적 경험의 각 차원이 더 높은 질서와 잘 조율되어서 조화롭게 표현될 수도 있고, 조화를 이루지 못하고 불협화음을 만들어 낼 수도 있다. 행성의 기능이 어떻게 표현되느냐는 다양한 힘과 에너지를 창조적으로 쓰느냐 아니면 오용하거나 남용하느냐에 달려 있다. 각 개인 속에 내장된 행성 에너지들의 조화 또는 부조화의 정도를 이해하기 위해서는 행성들이 맺고 있는 어스펙트를 분석해 봐야만 한다.

긍정적인 표현

썬: 밝은 기운 발산, 창조적인 자기표현, 따뜻하고 밝은 마음.

문: 상대의 감정에 잘 호응, 내적인 만족, 자신을 부드럽게 수용.

머큐리: 재주와 지적인 능력을 창조적으로 사용, 합리적인 분별 능력을 고상한 목적을 위해 사용함, 객관적인 이해와 분명한 언어 표현을 통해서 합의에 도달하는 능력 발휘.

비너스: 사랑, 다른 사람들과 주고받음, 너그러운 마음으로 나눔.

마스: 용기, 진취성, 정당한 목표를 향해서 의식적으로 의지력을 발휘.

주피터: 신념, 보다 높은 힘 또는 보다 큰 섭리에 의지함, 은총에 대해 열려 있음, 낙천성, 자기 증진에 대한 소망.

쌔턴: 엄격한 노력, 의무와 책임을 다함, 인내심, 조직화, 믿음직스러움.

유레너스: 진리에 조율됨, 독창성, 창의성, 실험적, 자유의 가치를 존중.

넵튠: 일체라는 의식에 조율됨, 체험에서 영적인 차원을 실현하려고 함, 모두를 감싸 안는 연민, 이상을 따름.

플루토: 자신의 변형에 의식의 초점을 맞추고 의지력을 발휘함, 내면의 가장 깊은 곳에 자리 잡고 있는 욕망과 충동을 두려움 없이 마주 대하고, 강렬한 체험과 노력을 통해서 그것을 변형시키려고 노력함.

부정적인 표현

썬: 자만심, 오만함, 우월해지려는 지나친 갈망.

문: 신경과민, 불안감, 애매모호한 느낌, 자신의 감정을 억압.

머큐리: 재주와 지적인 능력을 오용, 자신의 비도덕성을 합리화, 강한 자기주장과 일방적인 의사 표현.

비너스: 탐닉, 탐욕, 정서적으로 보챔, 자연스럽게 주고받지 못함.

마스: 성급함, 고집불통, 폭력, 육체의 힘을 적절치 않은 곳에 사용함.

주피터: 지나친 자신감, 나태함, 에너지가 분산됨, 할 일을 다른 사람에게 떠넘김, 무책임함, 지나친 확장과 책임지지 못할 약속을 남발함.

쌔턴: 은총에 대한 믿음 부족, 자신에게만 의지함으로써 지나치게 자신을 억압함, 냉정하고 엄격함, 자기방어적, 해로울 정도로 금지하고 두려워하고 부정적임.

유레너스: 고집불통, 조용히 있지 못함, 목표도 없는 변화와 흥분을 지속적으로 갈망함, 반항심, 극단주의.

넵튠: 자기 파괴적인 도피주의, 책임 회피, 자신의 깊은 욕구를 만족시키려는 현실적인 노력을 하지 않음, 자신의 내면의 동기를 직시하는 것을 거부하고 비현실적으로 아무 일에나 몸을 던짐.

플루토: 깊은 의식의 갈망을 강박적으로 표현함, 자신의 목적을 이루기 위해서 다른 사람을 의도적으로 조종함, 어떤 방법을 사용해서라도 자신의 진면목을 마주 대하는 고통을 피하려고 함, 파워에 몰두함.

행성과 원소의 결합

썬

썬 싸인의 원소는 일반적으로 주인공의 전반적인 심리 성향을 결정하는 중요한 요소로 작용한다. 썬 싸인의 원소는 의식의 기본적인 성향은 물론이고 주인공의 기본적인 생명력, 자기 정체성, 자기를 외부로 투사하는 힘 등을 보여 주기 때문이다. 주인공이 무엇을 '실재'라고 여기는지도 썬 싸인의 원소가 보여 준다. 싸인의 원소에 따라서 주인공이 무엇을 실재로 여기고 무엇을 실재로 여기지 않는지에 대한 무의식적인 가정이 형성되기 때문이다. 썬 싸인의 원소가 암시하는 이런 무의식적인 가정이 주인공으로 하여금 어떤 일에 초점을 맞추고 에너지를 쏟아부을 것인지를 결정하게 만든다.

예를 들어, '불 싸인(에리즈, 리오, 쌔저테리어스)'은 영감과 직감으로 흥분된 상태에 산다. 이들은 영감이 떠오르는 대로 직감에 따라 행동할 수 있을 때 건강하고 행복할 수 있다. '흙 싸인(토러스, 버고, 캐프리컨)'은 물질적인 현실에 뿌리를 내리고 있다. 무엇보다도 물질세계에서 안전을 유지하고 물질세계와 관련된 구체적인 목적을 이루는 것이 이들의 행동 동기가 되는 경우가 많다. '공기 싸인(제머나이, 리브라, 어퀘리어스)'은 추상적인 생각의 세계 안에 산다. 이들은 생각을 어떤 물질적인 대상 못지않게 실재라고 여긴다. '물 싸인(캔서, 스콜피오, 파이씨즈)'은 느낌 안에 살며, 이들의 행동은 대개 감정 상태가 결정한다.

썬 싸인의 원소는 어떤 사람이 어떤 행동을 할 때 그 행동의 기본적인 내면의 동기가 무엇인지를 알려 준다. 또한 그 사람이 인생을 어떻게 보고 있으며, 삶의 경험에서 무엇을 기대하는지에 대한 단서도 제공한다.

에너지 조율 차원에서 보면, 에너지가 고갈되었을 때 주로 어떤 방식으로 충전하는지를 보여 준다. 달리 말하자면 썬 싸인 원소는 그대가 살아 있음을 느끼게 만드는 연료라는 뜻이다. 썬 싸인의 원소는 일상생활에서 만나는 스트레스나 요구를 감당해 내는 힘의 원천이라고 할 수도 있다.

썬이 불 싸인에 들어가 있는 경우
대개 영감이나 직감이나 열망이 행동을 유발시킨다.
왕성한 활동이나 육체적으로 힘든 일 또는 미래의 새로운 비전을 추구할 때 활기가 넘치고 에너지가 충전된다.

썬이 흙 싸인에 들어가 있는 경우
대개 감각의 만족이나 구체적이고 현실적인 것에 대한 욕구가 행동을 유발시킨다.
물질적인 안정에 도움이 되는 일을 하거나, 생산적이고, 오감을 만족시킬 수 있는 경험을 할 때 활기가 넘치고 에너지가 충전된다.

썬이 공기 싸인에 들어가 있는 경우
대개 지적인 욕구나 사회적인 이상에 대한 갈구가 행동을 유발시킨다.
지적인 자극을 받거나 사회적인 이상을 실현하는 일에 참여할 때 활기가 넘치고 에너지가 충전된다.

썬이 물 싸인에 들어가 있는 경우
대개 정서적인 갈망이나 동정심이나 영적인 동경이 행동을 유발시킨다.

강렬한 정서적인 경험을 하거나 친밀한 관계에 몰입할 때 활기가 넘치고 에너지가 충전된다.

문

문 싸인의 원소는 어떤 상황을 만나면 자동적으로 느끼는 감정 상태와 정서적으로 안전하고 편안함을 느끼기 위해서 무엇을 요구하는지를 보여 준다. 이런 자동반응 양태와 욕구는 과거의 경험에서 비롯된 것이다. 문 싸인의 원소는 지금 상태가 또는 사는 것이 괜찮다는 느낌을 갖기 위해서 어떤 요소가 필요한지를 보여 준다. 따라서 문 싸인의 원소가 암시하는 욕구가 충족될 때 내면에 깊은 만족이 있고 인격 전체가 안정감을 얻을 수 있다. 또한 문 싸인의 원소는 살면서 부딪치는 여러 상황에 어떻게 본능적으로 반응하는지, 삶의 흐름에 자연스레 조율되는 에너지가 무엇인지를 보여 준다.

문이 불 싸인에 들어가 있는 경우
열정적으로, 직접적인 행동으로 자동 반응한다.
자신의 힘과 믿음을 자신 있게 표현할 때 정서적으로 편안함을 느낀다.

문이 흙 싸인에 들어가 있는 경우
안정감 있고 꾸준하게 자동 반응한다.
목표를 이루는 데 현실적으로 도움이 되는 생산적인 일을 하고 있다고 느낄 때 정서적으로 편안함을 느낀다.

문이 공기 싸인에 들어가 있는 경우

객관적인 평가와 예측을 바탕으로 자동 반응한다.

생각을 표현하고 사회적인 관계를 맺을 때 정서적으로 편안함을 느
    낀다.

문이 물 싸인에 들어가 있는 경우

민감하게 정서적으로 자동 반응한다.

느낌에 깊이 몰입할 때 정서적으로 편안함을 느낀다.

머큐리

머큐리 싸인의 원소는 어떤 요소가 생각하는 과정에 영향을 주는지,
또 자기 생각을 어떤 방식으로 표현하는지를 보여 준다. 머큐리는 상호
의사소통을 통해서 연결점을 찾고자 하는 욕구를 상징적으로 보여 준
다. 자기 자신의 신경 시스템의 협력 상황을 포함해서 다른 사람이나 외
적인 모든 상황과의 협력 양태가 모두 머큐리가 관할하는 영역이다. 머
큐리 싸인의 원소는 지적인 영역과 관련된 입력(지각과 인지를 통한)과 출
력(기량, 말하기, 손재주 등을 통해서)이 어떤 특징을 지니고 있는지 보여 준다.
다시 말해서 외부 세계에서 아이디어와 정보를 받아들여서 배우려고 하
는 욕구를 어떤 식으로 표현하는지, 또 다른 사람이 자기 생각에 동의
해 주기를 바랄 때 어떤 태도로 자기 생각을 표현하는지를 보여 준다.

머큐리가 불 싸인에 들어가 있는 경우

생각하는 과정에 신념, 동경, 희망, 미래에 대한 비전 등이 영향을 미
    친다.

생각을 표현하는 방식은 충동적, 과시적, 열정적으로 표현한다.

머큐리가 흙 싸인에 들어가 있는 경우

생각하는 과정에 전통적인 태도, 현실적인 고려 등이 영향을 미친다.

생각을 표현하는 방식은 인내심을 갖고 끈기 있게, 신중하고, 구체적으로 표현한다.

머큐리가 공기 싸인에 들어가 있는 경우

생각은 그 자체로 실재이며, 생각하는 과정에 추상적 개념, 사회적인 고려 등이 영향을 미친다.

생각을 표현하는 방식은 원리에 대한 이해를 토대로 객관적으로 명료하게 표현한다.

머큐리가 물 싸인에 들어가 있는 경우

생각하는 과정에 깊은 정서와 갈망 등이 영향을 미친다.

생각을 표현하는 방식은 정서적, 직관적으로 민감하게 표현한다.

비너스

머큐리와 마찬가지로 비너스 역시 에너지의 입출력 방식을 보여 준다. 비너스 싸인의 원소는 다른 사람과 사랑, 애정, 즐거움을 주고받는 방식을 보여 준다. 비너스의 원소는 애정과 정감어린 마음을 어떻게 표현하며 자신의 느낌을 어떤 방식으로 전달하려고 하는지 곧 비너스 에너지의 출력 방식을 보여 준다. 뿐만 아니라 다른 사람과 친밀감을 느끼기 위해서, 사랑과 인정을 받고 있다는 것을 느끼기 위해서 어떤 종류의 경험을 요구하는지 그 입력 방식도 보여 준다.

여자의 차트에서는 비너스가 자기가 여성임을 느끼기 위해서 체험하고자 하는 삶의 성질, 곧 주인공 자신의 여성성female ego 구현과 관련이 있다. 또한 여자가 사랑과 섹스에서 자신을 어떻게 주고받고자 하는지도 보여 주는데, 일반적으로 남자의 경우보다 훨씬 더 많은 성적 지표를 암시한다. 곧 여자는 자신의 비너스 원소의 욕구를 충족시켜 줄 만한 남자에게 끌리고 결국 성적인 관계로까지 이어지는 경우가 많다. 물론 거꾸로 어떤 사람과 친밀한 관계를 맺을 수 없는지도 비너스 싸인의 원소를 통해서 가늠해 볼 수 있다.

남자의 차트에서는 비너스가 무엇을 아름답게 여기고 어떤 여자에게 마음이 끌리는가를 보여 준다.* 일반적으로 연애, 사랑, 인간관계 등에서 남자가 어떤 여자에게 이성으로서의 호감을 갖는지를 보여 주는 지표인 셈이다. 하지만 성적인 에너지와는 크게 관계가 없다. 남자의 경우에는 마스 싸인이 성적 에너지를 상징한다. 그러나 여자는 비너스와 마스 에너지가 모두 성적 본성의 중요한 요소라 협력해야 하며, 남자의 경우처럼 분리될 수 없다.

비너스가 불 싸인에 들어가 있는 경우
애정과 고마움을 활기 넘치는 태도로, 직접적이고, 당당하게 표현한다.
동경이나 열정을 공유하고 원기 왕성한 활동을 함께 할 때 사랑과 친밀감을 느낀다.

비너스가 흙 싸인에 들어가 있는 경우
애정과 고마움을 신뢰할 수 있게, 육체적, 물질적으로 구체성 있게 표현한다.

---

* 남자에게 비너스가 강조되어 있는 경우 연애 감정을 더욱 관능적이고 성적으로 작동시킨다. 남성의 차트에서 문 싸인은 동료적 차원에서 매력적일 수 있는 여성의 유형을 보여 준다. 안전, 지지, 양육, 전반적인 반응 등 다양한 방식으로 남자의 감정을 자극한다.

감각적 즐거움과 현실적인 책임을 나누며 인생을 함께 쌓아 나갈 때
　　사랑과 친밀감을 느낀다.

비너스가 공기 싸인에 들어가 있는 경우
애정과 고마움을 동료의식을 가지고 지적인 대화를 통해 표현한다.
스스럼없이 생각을 교환할 수 있거나 마음이 잘 맞을 때 사랑과 친
　　밀감을 느낀다.

비너스가 물 싸인에 들어가 있는 경우
애정과 고마움을 공감하면서 정서적으로 표현한다.
민감하고 미묘한 느낌을 교환하거나, 정서적으로 서로 깊이 몰입할
　　때 사랑과 친밀감을 느낀다.

마스

　마스 싸인의 원소는 어떤 체험과 어떤 활동이 육체 에너지를 자극하
여 활성화시키는지, 또 자기를 주장하기 위해서 어떤 에너지를 사용하
는지를 보여 준다. 마스 싸인의 원소는 육체적으로 즐겁기 위해서 어떤
종류의 에너지가 필요한지, 그리고 자기의 능력을 보여 주기 위해서 공
격적인 힘을 발산하는 양태가 어떤지를 보여 준다. 또한 자기가 원하는
것을 얻기 위해서 어떤 방식을 쓰는지도 보여 준다. 예를 들어, 마스가
'불' 원소인 경우 힘과 주도권을 이용한다. '흙' 원소는 인내심과 효율
성을 이용하며, '공기' 원소는 설득을 이용한다. '물' 원소는 직관, 은밀
함, 끈질김을 이용한다.
　남자의 차트에서는 마스가 자신을 강력하고 단호하게 표현하는 방식
이 어떠한지, 그리고 성적으로 어떻게 투사하는지를 보여 준다. 이를테

면 성적인 관계에서 자신의 힘을 표현하는 방식과 지도력과 진취성이 필요한 모든 영역에서 어떻게 자신의 남성다움을 표현하는지를 보여 준다. 곧 남자 자신의 남성성male ego 구현과 관련이 있다.

여자의 차트에서는 마스가 주인공의 혼 속에 각인되어 있는 강한 남성상을 보여 준다. 그래서 그런 남자를 만나면 로맨틱한 흥분이 일어나는 경향이 있으며, 그런 상대에게 자신을 표현하고 싶어 한다. 여성의 마스 싸인과 어스펙트는 어떤 부류의 남성에게 육체적으로 매력을 느끼는지를 알려 주는 열쇠가 되는 경우가 많다.

마스가 불 싸인에 들어가 있는 경우

진취적으로 에너지를 발산하면서 직접적인 육체적 행동을 통해 자기를 주장한다.

끊임없는 움직임, 확신에 찬 열정, 정력이 넘치는 행동이 육체 에너지를 자극하여 힘이 솟게 만든다.

마스가 흙 싸인에 들어가 있는 경우

인내와 지구력을 요구하는 일에 도전하여 현실적인 성취를 이루는 것을 통해 자기를 주장한다.

힘든 일, 자기 훈련, 도전, 의무 등과 마주칠 때 육체 에너지가 자극을 받고 힘이 솟는다.

마스가 공기 싸인에 들어가 있는 경우

생각을 표현하고, 활발한 의사소통, 왕성한 상상력 등을 통해 자기를 주장한다.

지적인 도전, 인간관계와 사회 활동, 그리고 새로운 아이디어를 만날 때 육체 에너지가 자극을 받고 힘이 솟는다.

마스가 물 싸인에 들어가 있는 경우
정서적으로 미묘하고 끈질기게, 그리고 다른 사람의 깊은 감정과 욕
    구에 호소하는 방식으로 자기를 주장한다.
깊은 갈망, 다른 사람이 자기를 필요로 한다는 느낌, 미묘한 직관, 강
    렬한 정서적인 체험 등이 육체 에너지를 자극하여 힘이 솟게 만
    든다.

주피터
주피터 싸인의 원소는 내적 신념이나 자신의 삶에 대해서 정신적(영
적)으로 든든한 확신을 얻기 위해서 어떤 종류의 활동과 체험이 필요한
지를 보여 준다. 달리 말하자면 주피터의 원소가 가리키는 차원에서 활
동할 때 자기보다 큰 힘 곧 신이나 우주적인 원리와 하나됨으로써 자신
의 삶이 안전하게 보호받고 있다는 확신을 경험할 수 있다. 주피터는 또
한 확장을 관장하는 행성이다. 그래서 주피터 싸인의 원소 에너지를 잘
표현할 수 있을 때 확장할 수 있는 기회가 주어진다. 주피터는 또한 생
명력의 저장소이기도 하다. 따라서 주피터의 원소 에너지가 풍성하고
자연스럽게 흐르는 것이 주인공의 건강에 도움이 된다.

주피터가 불 싸인에 들어가 있는 경우
외향적이고, 열정적이고, 적극적인 육체 활동을 할 때 내적으로 든든
    함을 경험한다.
위험을 무릅쓰고 자신을 과감하게 표현하면서 새로운 일에 도전할
    때 확장할 수 있는 기회가 활성화된다.

주피터가 흙 싸인에 들어가 있는 경우

현실적이고, 구체적이고, 신뢰할 수 있고, 감각을 만족시킬 수 있는 활동을 할 때 내적으로 든든함을 경험한다.

책임을 지고 열심히 일하면서 자연의 리듬에 맞춰 살 때 확장할 수 있는 기회가 활성화된다.

주피터가 공기 싸인에 들어가 있는 경우

새로운 아이디어 탐구, 새로운 사람들과의 커뮤니케이션, 그리고 사회 개선을 위한 활동을 할 때 내적으로 든든함을 경험한다.

아이디어를 활발히 표현하면서 미래의 목표를 성취하기 위해 다른 사람들과 교류할 때 확장할 수 있는 기회가 활성화된다.

주피터가 물 싸인에 들어가 있는 경우

깊은 정서적인 체험을 할 때, 자신의 연민과 상상력을 긍정적으로 표현할 때 내적으로 든든함을 경험한다.

민감한 감수성으로 다른 사람을 보살피고, 내면의 갈망을 직관적으로 따를 때 확장할 수 있는 기회가 활성화된다.

쌔턴

쌔턴 싸인의 원소는 일반적으로 두려움 없이 완전히 받아들이고 풀어야 할 인생의 숙제가 무엇인지를 보여 준다. 대개 쌔턴의 원소 에너지는 주인공이 두려움을 갖게 하는 요소로 작용한다. 이 두려움은 보통 지난 (과거 생의) 삶의 패턴에서 비롯되는 경우가 많다. 그때는 그런 패턴이 적절했지만 이제는 너무 경직되어 견디기 어려운 억압으로 경험되는 경우라고 할 수 있다. 만약 그런 억압을, 쌔턴의 원소가 암시하는 영역의 숙제를 끈질기고 구체적으로 끝내고자 하는 동기 부여 요소로 받아들인다면 이 패턴과 관련된 주의와 훈련은 주인공의 성장을 위해서 여전히 유용하다.

쌔턴 싸인의 원소는 주인공을 억압해서 답답하게 만드는 요소로 작용하는 경향이 있다. 답답하게 억압된 쌔턴 에너지를 긍정적으로 발휘하기 위해서는 꾸준한 자기 훈련이 필요하다. 주인공은 쌔턴의 원소가 보여 주는 인생 차원을 매우 중요하게 여긴다. 너무 중요하게 여기기 때문에 내적으로 스트레스를 받으며, 무시하지 못하고 전전긍긍하며 묶여 있는 것이라고 할 수 있다. 쌔턴의 에너지를 발휘하려고 지나치게 애쓰거나 아니면 무시하고 억누르려고 한다면 그 에너지의 자연스런 흐름이 방해받을 수 있다.

쌔턴이 불 싸인에 들어가 있는 경우

자아 정체성을 확립하고, 창조적인 에너지를 좀 더 규칙적이고 객관적으로 표현함으로써 평형을 유지할 필요가 있다.

억압된 에너지를 풀어내기 위해서, 열정과 책임감을 갖고 좀 더 자발적으로 자기를 표현하는 노력을 해야만 한다.

쌔턴이 흙 싸인에 들어가 있는 경우

업무 및 일상생활에서 주어지는 책임을 회피하지 말고, 현실적인 일을 효과적으로 정밀하게 추진하는 법을 배움으로써 평형을 유지할 필요가 있다.

억압된 에너지를 풀어내기 위해서, 물질세계의 주인이 되려는 노력과 체계적인 접근 방법을 계발하는 노력을 해야만 한다.

쌔턴이 공기 싸인에 들어가 있는 경우

생각이 왔다 갔다 하는 것과 부정적인 사고에 빠지지 않도록 마음과
    생각을 안정시킴으로써 평형을 유지할 필요가 있다.

억압된 에너지를 풀어내기 위해서, 사심 없이 성실하게 사회적인 책
    임을 다하려고 노력함은 물론이고, 생각을 명료하고 현실성 있게
    전달하려는 노력을 해야만 한다.

쌔턴이 물 싸인에 들어가 있는 경우

감정과 감수성을 안정화시키고, 감정을 표현할 때 초연한 자세를 유
    지하는 힘을 기를 필요가 있다.

억압된 에너지를 풀어내기 위해서, 과민성을 다스리고, 느낌을 표현
    할 때 그런 느낌을 갖는 자기를 거부하지 말고 수용하는 노력을 해
    야만 한다.

유레너스, 넵튠, 플루토

출생 차트를 해석하는 데에는 이들 세 외행성의 원소는 다른 행성들
과 비교해서 상대적으로 중요한 비중을 차지하지 않는다. 이들 세 행성
은 한 원소(그리고 싸인)를 지나는 데 상당히 오랜 세월이 걸린다. 그래서
'개인의 성향'보다는 동시대에 태어난 세대의 일반적인 특징을 보여 주
는 경향이 있다. 따라서 이들 세 외행성이 위치한 원소는 세대 간의 상
이한 태도나 전 세계의 집단적인 심리 상태의 변화 등을 읽는 데 사용
하는 것이 보통이다.

맹점

ⓒ 1945 『Astrology, Science of Prediction』 by Sidney K, Bennett

5장
행성과 싸인의 결합

12싸인과 기본 개념

불 싸인	기본 개념	이 싸인에 들어온 행성을 물들이는 속성
카디널: 에리즈	새로운 체험을 향해서 오직 그곳으로만 에너지를 내보냄.	자기 뜻대로 행동하려는 충동, 자기주장
픽스드: 리오	위엄과 따뜻함, 그리고 밝은 활기 발산	자존심, 인정받고자 하는 충동, 극적인 분위기
뮤터블: 쌔저테리어스	이상을 향한 열망을 쉬지 않고 추진함	신념, 보편화, 이상

흙 싸인	기본 개념	이 싸인에 들어온 행성을 물들이는 속성
카디널: 캐프리컨	목적을 달성하려는 인간미가 배제된 결단력	자제력, 주의력, 과묵, 야망
픽스드: 토러스	직접적인 육체적 감각에 가치를 부여함	소유욕, 보존하는 능력, 끈기와 꾸준함
뮤터블: 버고	겸손하며, 자발적으로 누군가를 도우려고 함	완벽주의, 분석력, 예민한 분별력

공기 싸인	기본 개념	이 싸인에 들어온 행성을 물들이는 속성
카디널: 리브라	자기완성을 위해서 모든 상반되는 요소를 조화시키려고 함	균형감각, 공평성, 세련된 감각
픽스드: 어퀘리어스	모든 사람과 모든 생각을 사심 없는 태도로 대하려고 함	개인주의적인 자유, 극단주의
뮤터블: 제머나이	모든 연관성에 대해 즉각적으로 인지하고 말로 표현하려고 함	변화무쌍한 호기심, 이야기하기를 좋아함, 친근감

물 싸인	기본 개념	이 싸인에 들어온 행성을 물들이는 속성
카디널: 캔서	감정에 기반을 두고, 본능적으로 보살피고 보호하려고 함	느낌, 내향성, 분위기, 민감성, 자기방어
픽스드: 스콜피오	강렬한 정서의 힘으로 상황을 바닥까지 통찰하려고 함	강박적인 욕망, 깊으면서도 제어된 정열, 비밀스러움
뮤터블: 파이씨즈	고통 받는 모든 것을 향해서 치유의 연민을 발휘함	하나임 상태를 경험하려는 혼의 갈망, 이상주의, 영감, 상처받기 쉬움

싸인과 결합한 행성의 기능

행성이 어느 싸인에 들어가 있느냐에 따라서 다음과 같은 사항을 알 수 있다.

썬 싸인: 주인공의 일반적인 분위기와 그가 인생을 어떤 방식으로 체험하며 개성을 어떻게 표현하는지를 알 수 있다.

문 싸인: 깊은 의식에 이미 깔려 있는 성향에 따라서 주인공이 어떻게 반응하는지를 알 수 있다.

머큐리 싸인: 주인공이 어떤 방식으로 생각하며 자기 생각을 어떻게 전달하는지를 알 수 있다.

비너스 싸인: 주인공이 애정을 어떻게 표현하는지 무엇을 가치 있게 여기는지, 자신을 어떻게 내주는지를 알 수 있다.

마스 싸인: 주인공이 어떤 방식으로 자기주장을 하며, 욕망을 어떻게 표현하는지를 알 수 있다.

이상 다섯 행성은 주로 개인의 성격을 형성하는 역할을 하기 때문에 보통 '퍼스널 플래닛'이라고 부른다.

주피터 싸인: 주인공이 어떻게 성장하고 자기를 증진시키려고 하는지, 그리고 어떻게 삶에 대한 신뢰를 경험하고자 하는지를 보여 준다.

쌔턴 싸인: 주인공이 노력을 통해서 어떻게 자기를 확립하고 보존하려고 하는지를 보여 준다.

이 두 행성은 짝을 이루어서, 개인적인 작은 관심과 사회적이고 일반적인 보다 큰 관심을 이어주는 다리 역할을 한다.

유레너스, 넵튠, 플루토 싸인: 이들 세 외행성은 세대의 특징을 보여 준다. 따라서 개인의 차트에서는 이들의 싸인보다는 이들이 자리 잡고 있는 하우스와 다른 행성들과 맺고 있는 어스펙트가 더 중요한 역할을 한다.

이들 세 외행성은 변화의 가장 근본적인 동인을 보여 준다. 그래서 '변형을 관장하는' 행성 또는 변형을 일으키는 에너지라고 부를 수 있다.

썬 싸인 해석 가이드라인

썬은 자기의 독자성을 유지하고 표현하는 기능을 보여 준다. 따라서 썬이 어느 싸인에 들어가 있는가에 따라서 인생을 어떻게 경험하고 싶어 하며 자신의 개성을 어떤 식으로 표현하려고 하는지를 알 수 있다.

 썬이 에리즈에 있는 사람
강하고 힘차게 활기를 발산한다.
직선적으로 솔직하게 자기주장을 한다. 때로는 상대방의 주장을 압도하려는 경쟁적인 태도를 보이기도 한다.
개성을 확실하게 표현하려는 자기표현의 욕구가 있다.
자신을 탐험가와 개척자로 여기고 앞장서서 모험에 뛰어들며, 사태의 핵심을 재빠르게 알아차린다.
자신을 너무 강하게 밀어붙이는 경향 때문에 다른 사람의 적대심을 불러일으킬 수 있다.

 썬이 토러스에 있는 사람
육체의 감각이 만족스러울 때 활기가 넘친다.
믿음직스럽거나 무언가를 생산해 내는 능력을 통해 인정받고 싶은 욕구가 있다.

구체적인 물건이나 재산을 모으는 데 창조적인 에너지를 쏟는 경향이 있다.

소유물, 자산을 통해 그리고 스스로 안정적일 때 자부심이 생긴다.

변화를 싫어하고 주저하는 것 때문에 생동감 넘치는 자기표현이 방해를 받을 수 있다.

썬이 제머나이에 있는 사람

사물을 인지하고, 사실을 알아 가고, 문제 제기를 하고, 다른 생각들 사이에 연결 고리를 찾는 데 창조적인 에너지를 쏟는다.

말로 자신을 표현하려는 경향이 있다. 지적인 능력이 있는 사람으로 인정받고 싶어 한다.

머리가 쉬지 않고 회전하면서 관심이 수시로 변하며 말하기를 좋아한다.

여러 가지 생각을 자유자재로 연결하고, 자기표현을 위해 다양한 사람들과 관계를 맺기를 원한다.

관심사가 다양하기 때문에 한 가지 일에 몰두하는 지속적인 노력을 하는 것이 쉽지 않다.

썬이 캔서에 있는 사람

양육, 민감성, 모성애적 자질을 통해 자신의 능력을 경험한다.

자신을 본능적으로 방어하려고 한다. 내면에 둥지를 만들고 그 둥지의 안전함을 바탕으로 자신을 표현한다.

활기와 창조적인 에너지가 기분에 따라 바뀌기 때문에 같은 상태를 계속 유지하기가 대단히 어렵다.

자기를 정서적으로 표현하려는 경향이 있으며, 정서가 민감한 사람으로 인정받고 싶어 한다.

친숙하고, 안전한 환경이나 상황에 놓여 있을 때 자기 표현을 명확하게 한다.

썬이 리오에 있는 사람

따뜻하게 방사하는 활기로 자기를 표현하며, 다른 사람의 주목을 받고 싶은 지속적인 욕구가 있다.

창조적인 에너지가 극적이고 거창함에 물들어 표현된다.

자신의 관대함을 인정받고 싶어 하는 욕구가 동기를 부여한다.

자신감 넘치는 에너지를 발산하여 용기를 북돋아 주며, 하는 일에 활기를 불어넣는다.

자부심이 지배적인 개성이나, 진심이 담겨 있는 어린 아이 같은 천진난만한 정서가 항상 작용한다.

썬이 버고에 있는 사람

분석하고 식별하는 데 창조적인 에너지를 쏟는 경향이 있다.

구체적인 확실한 방법으로 다른 사람을 도와주려고 하는 욕구가 동기를 부여한다.

머리로 분석하여 완벽한 상태를 추구하려고 한다.

기본적인 가치, 봉사, 자신을 증진시키려는 끊임없는 욕구에 영혼이 조율된다.

스스로는 겸손하고 주제넘지 않으려고 하지만 완벽주의 경향의 비판적인 태도 때문에 사회적인 평가는 그렇지 않을 수 있다.

썬이 리브라에 있는 사람

인간관계나 아이디어를 내는 데 창조적인 에너지를 쏟는 경향
이 있다.

공평하고 친절하고 조화를 잘 이루는 사람이라고 인정받고 싶
어 한다.

사교적이고 지적이고 우아한 분위기를 풍기며, 아름다움에 대한
세련된 감각을 갖고 있다.

인간관계나 라이프스타일이나 생각 등 모든 분야에서 균형을 유
지하려고 끊임없이 노력한다.

다른 사람을 고려하려는 마음이 지나쳐서 딱 부러지게 자기주장
을 못하는 경우가 있다.

 썬이 스콜피오에 있는 사람

강렬한 정서적인 힘과 직관으로 현상의 배후를 통찰하는 데 창
조적인 에너지를 쏟는 경향이 있다.

현재 상태를 개선하기 위해 변형을 일으키는 에너지를 표현하
고 싶어 한다.

근원과 융합하려는 또는 인간관계에서는 깊은 차원에서 하나가
되려는(특히 성적으로) 강렬한 내면의 갈망이 있다.

억제하기 어려운 – 때로는 강박관념에 가까운 – 내면의 욕망이
강할수록 활기가 살아난다.

강한 정서적인 집착, 속을 내보이기 싫어하는 태도, 제어력을 잃
는 것에 대한 두려움 때문에 자신을 자유롭게 표현하지 못할
수 있다.

썬이 쌔저테리어스에 있는 사람

관념적인 이상을 추구하거나, 표현하거나, 그것을 다른 사람에게 권장하는 데 창조적인 에너지를 쏟는 경향이 있다.

개성이 궁극의 신념, 낙관적이고 철학적인 견해에 물들어 있다.

현실에 묶이지 않는 폭넓은 정신적인 자유를 가치 있게 여긴다.

친밀감이 있고 탐험을 좋아하고 개방적인 정신성을 방사한다. 매우 관대하며 정직함에 가치를 둔다.

도덕적으로 올바른 사람이라고 인정받고 싶어 한다. 때로는 자기의 높은 이상과 기준으로 인해 다른 사람의 느낌과 생각을 무시하는 관용이 부족한 사람이 될 수도 있다.

썬이 캐프리컨에 있는 사람

창조적인 자기표현이 자제력, 신중함, 전통적인 입장에 물들어 나온다.

권위와 힘들게 일해서 성취하는 것을 가치 있게 여긴다.

신중하게 계획하고 잘 훈련된 자세로 한 가지 일에 집중하려고 한다.

책임감을 갖고 의무를 잘 수행할 때 자신감과 활기가 넘친다.

비관론이나 냉소적인 태도 또는 너무 체면을 생각하는 경향 때문에 자유로운 자기표현이 억제될 수 있다.

썬이 어퀘리어스에 있는 사람

혁신적인 이론을 통해 사회를 발전시키는 데 창조적인 에너지를 쏟는 경향이 있다.

친근감이 있고 박애주의적인 에너지를 방사하나 때로는 극단적인 경향을 보인다.

자기를 자유와 독창성과 실험 정신을 기반으로 표현하려는 충동이 있다.

인간적이고 지성적인 것에 가치를 두며, '옳고 바른 것'을 찾으려는 욕구가 있다.

자기를 감추려는 태도나 지나치게 튀는 행동 또는 목적 없는 반항심으로 인해 자기표현이 방해를 받을 수 있다.

 썬이 파이씨즈에 있는 사람

영감에 사로잡혀 민감하게 창조적인 에너지를 표현한다.

아낌없이 베푸는 동정심 많은 사람이라고 인정받고 싶어 한다.

주변 상황이나 다른 사람의 감정에 공감하고 동조를 잘하기 때문에 자아상이 애매하고 안개에 쌓인 듯 명확하지 않을 수 있다.

사람이나 동물을 막론하고 고통 받는 모든 것들에 대해 연민의 정을 느끼며 치유 에너지를 발산한다.

혼의 갈망, 상처받기 쉬운 성향, 그리고 내면의 상태가 자기표현과 활기에 영향을 준다.

문 싸인 해석 가이드라인

무의식적으로 본능적으로 자동 반응하는 양상이 어떠한지를 알 수 있다.

문이 에리즈에 있는 사람

적극적으로, 급하고, 강하고, 직접적으로, 경쟁하듯 반응한다.

자기를 적극적으로 주장할 때 자기가 옳다는 느낌을 갖고 정서적으로 안정되는 경향이 있다.

새로운 경험에 초점이 맞춰져 있고 자신만만하게 행동으로 반응하는 경향이 있다.

주변 상황에 반응할 때 에너지를 분산시키지 않고 오직 그것을 향해 집중하는 경향이 있다.

반응에 묻어 있는 경쟁적인 성향이 안정을 얻는 것을 방해할 수도 있다.

문이 토러스에 있는 사람

어떤 경험이든 천천히 반응하며, 외부에서 어떤 요구가 오더라도 안정과 평형을 유지한다.

느긋함, 고요함, 자연환경 등을 통해 정서적으로 안정되고 내면의 만족을 누리는 경향이 있다.

감각적인 것을 추구하는 경향이 있으며, 맛이나 촉감이 좋았던 느낌을 오래 간직하는 경향이 있다.

변화의 속도가 느리고 습관이 오래 지속되므로, 고집이 세거나 게으른 형태로 나타날 수 있다.

변화가 많지 않고 상황을 예측할 수 있을 때 안정감을 느끼며, 모든 감각적인 자극을 통해 편안함을 느낀다.

소유에 대한 지나친 관심, 안전과 물질적인 상황을 컨트롤하려는 깊은 욕구 때문에 자연스러운 정서의 흐름이 방해를 받을 수 있다.

문이 제머나이에 있는 사람

끝없는 호기심으로 빠르고, 지각적으로 예민하고, 변화무쌍하게 반응한다.

다양한 정신적인 자극에 반응할 때, 그리고 동시에 여러 가지 일을 할 때 마음이 편안함을 느끼는 경향이 있다.

주변에서 일어나는 다양한 변화에 정신적으로 재빠르게 적응하며, 자기와의 연결점을 잘 찾는다.

내면의 정서를 말로 표현하려는 경향이 있다. 그래야 그 감정이 자기감정이라는 느낌을 갖고 마음이 편한 경향이 있다.

정서 에너지가 여러 방향으로 흩어지는 경향 때문에 안정감이 깨질 수도 있다.

문이 캔서에 있는 사람

자신과 자기와 관련된 사람을 보호(방어)하려는 태도로 민감하게, 때로는 과민할 정도로 민감하게 반응한다.

누군가를 양육하거나 누군가에게 양육을 받고 있다고 느낄 때 마음이 안정되는 경향이 있다.

타이밍 감각이 뛰어나며, 직감이 매우 발달되어 있다.

분위기나 다른 사람의 반응에 매우 민감하게 반응하기 때문에,

때에 따라서는 자신의 감정이 아니라 상대방의 감정에 휘말리
　는 경향이 있다.

자기감정을 보호하려는 경향이 지나칠 수 있다. 그래서 과거
　에 받았던 느낌을 잊지 못하고 현재 상황에 덧입히는 경향이
　있다.

☽♌ 문이 리오에 있는 사람

따뜻하고, 관대하고, 열렬하게 반응한다.

자부심과 자신감이 있을 때 정서적으로 안정된다.

주변 환경에 창조적인 에너지를 듬뿍 쏟아 넣으며, 다른 사람을
　지지하고 용기를 북돋아 주려는 경향이 있다.

극적으로 삶을 연출하며, 새로운 국면을 만들어 내며, 다른 사람
　을 즐겁게 해 주기 위해 유머를 자주 사용한다.

창조적이고 자신만만함이 모든 행동의 밑바닥에 깔려 있으며,
　때에 따라서는 어린 아이처럼 단순하게 그런 모습을 보인다.

끊임없이 자신감을 내보임으로써 다른 사람이 거부감을 가질 수
　도 있다.

☽♍ 문이 버고에 있는 사람

모든 자극에 현실적(실용적)으로 반응한다.

모든 상황에 분석적인 태도로 반응하며, 환경이 질서가 잡혀야
　정서적으로 편안함을 느끼는 경향이 있다.

자신의 느낌을 완벽하게 표현하기 위해 정서적인 반응을 정제
　시키려고 한다.

다른 사람을 위해 무언가 도움이 되는 일을 하려는 경향이 있다.

그렇게 함으로써 죄의식이나 자기를 신뢰하지 못하는 타고난 경향을 극복하고 긍정적인 자아상을 갖는 데 도움을 받는다.

삶의 외적인 부분이나 내면의 정서를 낱낱이 분석하여 명백한 결론을 얻고, 구체적인 개선책을 생각해 낼 때 정서적으로 안정된다.

감정이나 정서를 해부하려는 욕구가 민감한 응답을 방해할 수도 있다.

문이 리브라에 있는 사람

모든 상황에 강한 공정성을 갖고 객관적으로 반응한다.

반응하기 전에 생각하는 경향이 있다. 상황의 여러 측면을 충분히 고려하는 탓에 우유부단할 수 있다.

극단을 피하고 조화와 균형을 찾을 때 정서적으로 안정이 된다. 그래서 상대방의 견해를 고려하며 함께 즐겁게 어울리기를 원한다.

친밀한 관계를 맺고 있을 때 안정감을 느끼고, 혼자 오래 있으면 마음이 편치 못한 경향이 있다.

우아하고 공손한 행동을 강조하는 경향이 있다. 그래서 자연스러운 정서 반응이나 진정한 친밀감이 방해를 받을 수 있다.

문이 스콜피오에 있는 사람

감정 에너지를 컨트롤하면서 모든 상황에 강렬하고 정열적으로 반응한다.

자아상이 복합적이고 거칠게 몰아치는 정서의 영향을 받는다. 그래서 부정적인 정서로 인해 자신감이 내려가기도 하고 목적의식에 대한 열정이 자신감을 올려 주기도 한다.

느낌이 깊고 비밀스럽기 때문에 신비감과 카리스마를 풍긴다.

어떤 상황의 밑바닥 원인까지 파헤치고자 하는 욕구로 말미암아
　숨겨진 동기에 관심을 기울이는 경향이 있다.

강렬한 정서 에너지를 주고받을 때 풍족함을 느낀다.

상처받는 것에 대한 두려움과 통제력을 잃는 것에 대한 두려움
　때문에 정서적으로 억압될 수 있다.

문이 쌔저테리어스에 있는 사람

신념이나 철학에 근거하여 이상적이며 열렬하게 반응한다.

자신의 이상을 추구하거나 원대한 목표를 향해 나아가는 반응을
　할 때 만족스러워하는 경향이 있다.

의미를 찾고 질문을 던지는 무의식적인 경향이 있다. 하지만 선
　천적으로 편견이 없고, 관대하고, 삶에 대해서는 낙천적인 느
　낌을 갖고 있다.

밖으로 나가서 여행하며 탐구할 때 편안함을 느끼며, 자유로움
　을 사랑한다.

신념에 대한 정서적인 집착 때문에 거짓 교리에 속기 쉽고, 때
　에 따라서는 자기 믿음을 광신적으로 고집하는 거짓 설교자가
　될 수도 있다.

문이 캐프리컨에 있는 사람

자제력을 갖고 결단력 있게 반응한다. 때때로 엄격할 정도로 부
　정적인 반응을 하기도 한다.

정서적인 안정감을 느끼기 위해서, 또 자신의 목표를 이루기 위

해서 외부 환경과 다른 사람을 조종하려는 욕구가 있다. 이런 욕구 때문에 일상적으로 수행해야 할 의무에 소홀할 수도 있다.

표현을 억제하며, 신중한 태도로 권위적이고 단호한 느낌을 주는 에너지를 발산한다.

공급자와 보호자 역할을 할 때 편안함을 느낀다. 그래서 습관적으로 상황을 컨트롤하려고 한다.

정상의 자리 또는 권위 있는 자리에 올라가려는 강한 욕구로 말미암아 친밀한 관계를 맺거나 정서적으로 풍요로움을 누리는 것이 방해를 받을 수 있다.

☾ ♒ 문이 어쿼리어스에 있는 사람

독특한 표현 양식으로, 사심 없이, 객관적으로, 예측할 수 없이 반응한다.

자신의 혁신적인 아이디어를 완전히 자유롭게 표현할 때 편안함을 느낀다.

자신이 독창적, 이타적, 사회적이라는 의식을 바닥에 깔고 강한 개성이 드러나는 반응을 하는 경향이 있다.

사회적으로 상호 교류가 있을 때 정서적으로 중심이 잡히고, 자기가 잘하고 있다는 느낌을 갖는다.

다른 사람을 자유롭도록 힘을 북돋아 주는 경향이 있으며, 자기 자신도 완전한 자율이 보장될 때 든든한 느낌을 갖는다.

정서적으로 간섭을 받지 않으려는 욕구 때문에 다른 사람의 감정에 무관심해지고, 자신의 진짜 느낌에서도 멀어질 수 있다.

문이 파이씨즈에 있는 사람

연민과 동정심을 갖고, 민감하고, 이상론적으로, 두루뭉술하게 반응한다.

방향성 없이 상상 속을 자유롭게 떠다니며 백일몽을 꾸는 것이 정서 안정에 도움을 준다.

세상과 하나라는 느낌을 가질 때 마음이 편안하며, 제대로 되고 있다고 느끼는 경향이 있다.

동정심과 연민의 정으로 아픈 사람을 치료하려는 경향이 있으며, 인류와 영적인 이상을 위해 봉사할 때 정서가 안정된다.

안개 낀 듯한 애매한 자아상 때문에 자기 이해와 자신감을 갖는 것이 어려울 수 있다.

상황 변화에 쉽게 휩쓸리며, 이기심을 극복하고 자신을 내줄 때 만족을 느낀다.

머큐리 싸인 해석 가이드라인

생각하는 스타일과 생각을 표현하는 방식이 어떠한지를 보여 준다.

머큐리가 에리즈에 있는 사람

생각을 단정적이고, 강하고, 직접적이고, 자신 있게 전달한다.

말에 활기가 넘치고, 기량을 독창적인 방식으로 사용하려고 한다. 이런 배경에는 행동을 하려는 충동이 항상 자리 잡고 있다.

무엇을 배울 때는 정면으로 맞서서 강하게 에너지를 집중하는 경향이 있다. 그래서 직감적으로 핵심을 파악한다.

추리하거나 생각하는 능력이 새로운 체험을 갈구하는 강한 자기
의지에 물들어 있다. 그래서 대담하게 새로운 생각을 하는 것
을 더 좋아하는 경우가 자주 있다.

다른 사람의 생각이나 입장을 고려하지 않고 자기주장을 강하
게 하는 경향 때문에 진정한 교류가 방해를 받을 수도 있다.

☿ ♉ 머큐리가 토러스에 있는 사람

생각을 말 한마디 한마디를 신중하게 고려하면서, 아주 천천히
표현한다.

배우는 것도 신중하고 느리다. 그래서 다양하게 생각할 수 있는
폭이 좁을 수 있다.

여러 가지 생각을 하나로 통합하여 그 생각을 꾸준히 유지하는
경향이 있다. 아이디어를 현실적으로 활용할 수 있는 것으로
바꾸고자 한다.

육체적 감각에 대해 자신이 인식한 것을 표현하려는 경향이 있
다. 그래서 말하는 동안 자신의 말의 구체성을 음미하는 경향
이 있다.

자신의 생각을 자발적으로, 자유롭게 나누는 것을 꺼리기 때문
에 다른 사람들과 관계를 맺고자 하는 욕구가 제한될 수 있다.

☿ ♊ 머큐리가 제머나이에 있는 사람

매우 빠르고, 유창하고, 영리하고, 지적으로 자기 생각을 표현한
다. 그래서 때에 따라서는 피상적으로 보일 수도 있다.

인식한 것을 즉시 표현하려는 경향이 있다.

사람이나 여러 아이디어 사이의 관계를 이해하고 확립하는 것을

통해서 무언가를 배우려는 욕구를 가지고 있다.

쉬지 않고 호기심이 변하며, 그것이 사람들과의 친근한 의사소통이나 새로운 것에 대한 끝없는 질문으로 나타나는 경향이 있다.

신경계통이 잘 발달되어 있는데, 그것이 말을 하거나 글을 쓰는 일 또는 머리를 써야 하는 일이나 손재주 등을 통해서 나타난다.

머큐리가 캔서에 있는 사람

정서적이고 직관적으로, 그리고 민감하게 생각을 표현한다. 그러면서 자기 생각을 방어하려고 한다.

흩어진 정보 조각들의 관계를 느낌으로 알아차리고, 알아차린 것에 골몰함으로써 무언가를 배우는 경향이 있다.

새로운 아이디어를 창조적인 형태로 꽃필 때까지 양육하듯이 보호하고 키우는 경향이 있다.

기억력과 생각을 유지하는 힘이 좋아서 학습 능력에 도움이 된다.

잠재의식 속에 깃들어 있는 선입관과 두려움 때문에 새로운 아이디어에 관심을 갖거나 그것을 객관적으로 바라보는 것이 방해를 받을 수 있다.

머큐리가 리오에 있는 사람

자신감 넘치는 힘 있는 태도로 자기 생각을 밝게 표현한다.

다른 사람과 생각을 교환하여 관계를 맺기 위해서 보이는 태도에 따뜻한 애정과 강한 의지가 바탕에 깔려 있는 경우가 많다.

의사 전달 방식이 극적이고 유머러스하고 창의적인 경향이 있다.

자부심과 인정받고 싶어 하는 욕구가 생각을 표현하게 하는 도화선이 된다.

창조적인 방식으로 배우기를 원한다. 그래서 논리적이기보다는 직관적인 도약을 통해 배우고자 한다.

생각하는 과정에 에고가 개입함으로써 객관성과 유연성이 결여되거나 사실이 왜곡될 가능성이 있다.

☿ ♍ 머큐리가 버고에 있는 사람

논리적이고 비판적으로, 그리고 무언가 도움을 주고자 하는 의도로 겸손하게 자기 생각을 표현한다. 하지만 때로는 부정적인 비판이나 회의적인 태도를 보이기도 한다.

분석력을 앞세워서 사무적인 태도로 생각을 표현하는 경향이 있다.

여러 아이디어를 분별하고 논리적인 순서로 연결하고 싶어 하며, 그런 과정을 통해서 무언가를 배우고자 한다.

실제로 도움이 되는 구체적인 아이디어를 갖고 의사소통을 하려는 경향이 있다.

세부적이고 사소한 것에 너무 집착하는 경향 때문에 부분들의 상호관계를 알아차리지 못하고 큰 그림을 놓칠 수도 있다.

☿ ♎ 머큐리가 리브라에 있는 사람

지적으로, 단정하고 우아하며, 사교적인 태도로 자기 생각을 표현한다.

극단적인 견해를 피하고, 공정하고, 객관적으로 조화롭게 생각을 표현하려고 한다.

미적인, 예술적인 감각이 있는 언어를 사용하려는 경향이 있다.

인간관계에서 객관성과 균형을 유지하려고 하며, 이러한 것을 분명하게 하기 위해서 자기 생각에 대한 상대방의 반응을 기대한다.

여러 견해를 고려하려는 태도 때문에 결정을 내리는 데 방해를 받을 수 있다.

☿ ♏ 머큐리가 스콜피오에 있는 사람

깊고, 강렬하고, 정열적으로(때로는 비언어적으로!) 자기 생각을 표현한다. 그래서 커뮤니케이션을 통해 깊고 친밀한 결속이 생길 수 있다.

결코 피상적이지 않은, 존재의 깊은 차원에서 나오는 것들을 말로 표현하고 싶어 한다.

실제의 핵심을 통찰하고 규명하는 것을 통해서 무언가를 배우려는 강렬한 요구가 있다. 그래서 배후를 탐지하고 철저히 조사하는 데 관심이 있다.

핵심을 알려고 하는 의지가 지나치게 강렬하고 정서적이기 때문에 객관적인 이해를 하기가 어려울 수 있다.

생각하는 과정이나 말하는 스타일이 강렬한 욕망과 깊은 열정과 다른 사람의 숨겨진 동기를 알고자 하는 충동의 영향을 받는 경향이 있다.

자기 생각을 비밀스럽게 지키며 침묵하는 경향이 다른 사람과 관계를 맺는 것을 방해할 수 있다.

☿♐ 머큐리가 쌔저테리어스에 있는 사람

자기 생각을 숨김없이, 사실 그대로, 낙천적으로, 열정적으로, 관용하는 태도로 표현한다.

쉼 없는 동경으로 어떤 이상을 향해 추진해 나가면서 무언가를 배우려는 욕구를 가지고 있다.

사고와 추론은 일상의 자잘한 것보다는 장기적인 목표를 향해 있다.

자기가 배운 것을 다른 사람에게 가르치는 데 관심이 있다. 배우는 것과 가르치는 것이 밀접하게 관련되어 있다.

솔직하고 단도직입적으로, 그리고 관대한 마음으로 다른 사람과 교류하려고 한다.

이상을 동경하는 마음 때문에 개념을 지나치게 일반화하는 경향이 있으며, 이 때문에 생각이 구체적이거나 선명하지 않고 애매모호할 수 있다.

☿♑ 머큐리가 캐프리컨에 있는 사람

조심스럽고 진지하게, 강한 권위의식을 가지고 자기 생각을 표현한다. 완고한 범주에 따라 생각하기 때문에 융통성이 떨어지는 경향이 있다.

인내심과 포부를 갖고, 꾸준하게 배워 나갈 때 스스로 만족한다.

생각을 표현할 때 자제하려는 충동의 지배를 받으며, 물질세계를 솜씨 있게 다루거나 구체적이고 실용적인 결과를 얻을 수 있는 이론을 선호한다.

말을 억제하고 자신만의 언어로 건조하게 표현하는 편이어서 다른 사람과 의사소통하는 데 어려움이 있을 수 있다.

이성의 힘과 식별력을 목표를 설정하는 데 사용하며, 현실성에 대한 의식이 분명하기 때문에 가능성보다는 한계에 의식의 초점을 맞추는 경향이 있다.

머큐리가 어퀘리어스에 있는 사람

감정이 섞이지 않은 냉정한 태도로, 사심 없이, 지적이고 이상적으로, 그리고 거리낌 없이 자기 생각을 표현한다.

그룹 커뮤니케이션을 강하게 자각하는 동시에 모든 사람과 개인적인 고유한 관계를 맺고자 하는 욕구가 있다.

생각과 지성의 표현이 개인주의적인 자유에 물들어 있으며, 간혹 극단적인 성향을 띠기도 한다.

이론을 여기저기 적용해 보는 실험 정신이 있으며, 혁신적인 아이디어를 내놓는 경우가 많다. 생각이 미래 지향적이며, 변화를 위한 새로운 가능성을 탐구하는 경향이 있다.

독립성과 독창성, 그리고 감정이 개입되지 않는 냉정한 기질의 지성이 배우는 과정에 영향을 미친다.

전혀 관련이 없는 개념을 예측할 수 없는 방식으로 연결하기 때문에 종잡을 수 없는 엉뚱한 말을 하는 경우가 있다.

머큐리가 파이씨즈에 있는 사람

이상주의적으로, 민감하게, 시적으로, 상상으로 채색하여, 두루뭉술하게 생각을 표현하는 경향이 있다.

동정심 때문에 호의적인 태도로 생각을 표현한다.

다른 사람과 정신적 또는 영적으로 관계를 맺고자 하는 욕구가 있다. 그래서 다중적인 의미로 의사를 표현하는 경향이 있다.

다른 견해들을 포용하려는 유연하고 통합적인 표현을 하는 경
향이 있다.

이성과 식별력이 불명료성과 공상, 자기기만 등에 의해 흐려질
수 있다.

비너스 싸인 해석 가이드라인

애정을 주고받는 방식과 그 사람이 무엇을 가치 있게 여기는지를 알
수 있다.

비너스가 에리즈에 있는 사람

애정을 충동적으로 열렬하게 직접적으로 표현한다.

무언가 새로운 경험을 할 때 정서적으로 즐겁다. 대인관계에서도
만남의 첫 단계를 대단히 즐겁게 경험한다.

속으로는 친해지고 싶은 마음이 있지만, 저돌적이고 자기주장이
강한 성향 때문에 친밀한 관계가 잘 이뤄지지 않을 수도 있다.

개성과 독립성과 진취적인 태도를 가치 있게 여긴다. 다른 사람
의 그런 모습도 가치 있게 여긴다.

애정이나 호의를 표시할 때 화끈하게 표시하며, 다른 사람도 그
렇게 해 주길 바란다.

비너스가 토러스에 있는 사람

애정 표현 방식이 현실적이고 따뜻하며 꾸준하다. 그러나 상대에
대한 소유욕이 은근하게 작용한다.

상대의 깊은 중심에서 우러나오는 감각적인 애정 표현을 좋아하
며, 자기도 진심으로 따뜻하게 반응을 보인다.

정서적으로 약간 메말라 있고 어느 정도 소유욕이 작용하고 있
기 때문에 또는 자제력을 잃는 것을 두려워하는 마음 때문에
화끈하게 애정 표현하는 것이 어려울 수도 있다.

오감(시각, 청각, 후각, 미각, 촉각)의 즐거움을 가치 있게 여기며, 자연
과 접촉하는 것을 즐긴다.

물질적인 안락함과 만족을 가치 있게 여기며, 멋있게 생긴 대상
을 좋아한다.

♀♊ 비너스가 제머나이에 있는 사람

주로 말을 통해서 재치 있게 가벼운 태도로 애정을 표현한다.

자신의 생각과 견해를 나눌 수 있을 때 친밀감을 느낀다.

정서적인 취향이 끊임없이 바뀌며, 다양성과 정신적인 관계를
중시한다.

수시로 변하는 호기심을 만족시킬 수 있을 때, 그리고 다양한 주
제를 놓고 친근한 분위기에서 자유롭게 대화를 나누는 것을 즐
거워한다. 그래서 지적이고 재치가 반짝이는 사람을 좋아한다.

다양함을 요구하고 끊임없이 새로운 자극을 찾는 성향 때문에
깊고 꾸준한 관계를 유지하는 것이 방해를 받을 수도 있다.

♀♋ 비너스가 캔서에 있는 사람

정서적으로 위로하고 보호하려는 분위기로 애정을 표현하는데,
집요할 정도로 그렇게 하는 경향이 있다.

가족 같은 분위기를 느낄 때 또는 누군가를 보살피고 누군가에

게서 보살핌을 받고 있다고 느낄 때 마음이 편안하다.

여러 사람과 공개적으로 에너지를 나누는 것보다는 어느 정도 폐쇄적인 친밀한 소규모 집단에 속한 사람들과 교감하는 것을 좋아한다.

친밀한 관계를 통해 즐거움을 누리고자 하는 마음이 있지만 침울함, 수줍음, (마음을 주는 것에) 인색함, 지나친 자기방어적인 성향 등의 방해를 받을 수 있다. 다른 사람의 분위기에 지나치게 민감하게 반응한다.

감정적으로 친밀감을 느껴야 그 사람을 수용하거나 그 사람을 믿고 의지한다.

♀ ♌ 비너스가 리오에 있는 사람

애정을 따뜻하고 드라마틱하게 열정적으로 표현한다.

정서적 취향이 자부심과 인정받고 싶은 욕구에 영향을 받는다.

마음과 애정을 줄 때는 창조적인 활기가 넘치는 태도로 주며, 받을 때에는 자존심을 지키면서 당당하고 우아하게 받는다.

다른 사람과의 사귐이나 애정 표현에 밝고 관대하며 충직한 분위기가 배어 있다.

주목을 받고자 하는 태도 또는 다른 사람을 정서적으로 지배하려는 욕구로 말미암아 솔직하고 깊은 감정 교환이 방해를 받을 수 있다.

비너스가 버고에 있는 사람

겸손한 태도로, 때에 따라서는 소심하게 애정을 표현한다. 애정 표현에는 늘 구체적으로 도움을 주려는 마음이 내재되어 있다.

누군가를 도우며 스스로 필요한 사람이라고 느낄 때 정서적인
만족을 느낀다.

세부 사항에 초점을 맞추고 분석하는 정신적 활동을 통해서 즐
거움을 누린다.

이치와 실용성을 합리적으로 판단할 수 있을 때 정서가 안정되
고 조화로움을 느낀다.

남을 도우려는 지나친 태도, 사소한 비판, 타고난 신중함 등으로
순수한 애정 표현이나 감정 교환이 방해를 받을 수 있다.

♀♎︎ 비너스가 리브라에 있는 사람

부드럽게, 사려 깊게, 그리고 조화롭고 매력적으로 애정을 표현
한다.

균형 잡힌 태도로 공정하고 온화하게 주고받기를 원한다.

조화를 잘 이룬 극단적이지 않은 것을 사랑하며, 균형이 잡혀서
조용하고 평화로울 때 정서적으로 편안함을 느낀다.

정서적인 충돌을 원하지 않는 마음 때문에 정서 표현을 자유롭
게 하지 못할 수 있고, 따라서 친밀한 관계에 돌입하는 것이 어
려울 수 있다.

동등하게 주고받으며 협동하는 관계를 바탕으로 감정을 주고 관
계를 발전시키려 한다.

비너스가 스콜피오에 있는 사람

애정을 열정적으로 강렬하게 표현하며, 때로는 감정을 다 불살
라 버릴 듯이 표현한다.

깊고 뜨거운 정서에 물들어 있는 격정적인 욕망이 충족될 때 기

쁨을 느낀다.

다른 사람과 감정 에너지를 주고받을 때 치료하고 변형시키는
기운을 발산한다.

다른 사람을 믿지 못하거나 속을 내보이지 않는 비밀스러움 때
문에 대인 관계나 애정 문제가 방해를 받을 수도 있다.

강렬한 감정을 교환하면서 깊은 관계에 돌입해야만 친밀감을
느낀다.

비너스가 쌔저테리어스에 있는 사람

이상에 물든 애정을 밝고 자유롭게 열정적으로 표현한다.

앞으로 나아가려는 충동과 여러 가지 모험을 계속 하려는 성향
때문에 친밀한 관계를 안정적으로 유지하기가 쉽지 않다.

자신의 신념이나 목표에 따라 대인 관계가 형성되며, 철학적인
공감대가 형성되어야만 친해질 수 있다.

마음대로 돌아다니며 자유롭게 탐구할 수 있을 때 정서적으로
편안함을 느낀다.

사랑이나 연애를 할 때 상대방에게 관대한 편이며, 상호간에 정
직하기를 바란다. 하지만 상대방의 감정에 관심을 기울이지 못
하고 간과할 수도 있다.

비너스가 캐프리컨에 있는 사람

진지하고 조심성 있게 애정을 표현한다. 애정 표현에 의무감이나
책임감이 배어 있으며 다소 딱딱하고 기계적이다.

두려움과 의심하는 태도, 그리고 감정을 보이지 않으려는 태도
때문에 정서와 애정에 대한 욕구가 억제될 수 있다.

깊은 감정이나 애정을 주기 전에 상대방도 자기에게 충실할 것
인지를 확인하려는 욕구가 있다. 그러나 일단 감정이나 애정을
주기로 결정하면 관계를 유지하기 위해서 성실하게 노력한다.

사회적인 관계나 연애에 대한 충동이 야망, 보수성, 명성을 고려
하는 것 등의 영향을 받는다.

자기를 통제하고 감정을 억제하려는 경향 때문에 친밀한 관계를
맺는 것이 방해를 받을 수도 있다.

비너스가 어퀘리어스에 있는 사람

틀에 박히지 않은 자유로운 태도로 가볍게 애정을 표현한다. 때
로는 그 표현 방식이 실험적인 경우도 있다.

감정에 휘둘리지 않고 거리를 유지하려는 태도 때문에 친밀한
관계를 맺는 것이 방해받을 수 있으며 냉정한 사람으로 보일
수 있다.

연애를 할 때도 과학적인 이론이나 혁신적인 사상을 주제로, 상
상력 넘치는 유머를 섞어 가면서 대화하는 것을 즐긴다.

사회적인 관계나 연애에 대한 충동이 개인의 자유, 극단주의, 반
항적 기질 등의 영향을 받는다.

자신의 감정을 최대한 전달하기 위해 많은 사람들과 어울리며
활동적으로 살아가는 것을 원한다.

비너스가 파이씨즈에 있는 사람

대가를 기대하지 않고, 동정심과 인정이 넘치는 태도로 애정을
표현한다.

상대와 마법적이고 낭만적으로 어우러지기를 바라는 깊은 욕구

가 있다. 그러나 욕구가 구체적이지 못하고 막연해서 상처를 입기 쉽다.

사회적인 관계나 사랑하는 상대 또는 자기가 하는 사랑 자체를 이상화시키는 낭만적인 경향이 있다.

현실 도피, 책임 회피, 또는 혼돈스럽고 얼버무리는 성향 때문에 주고받는 문제에서 분별심이 결여될 수 있으며, 그 결과 견실한 관계를 맺는 것이 어려울 수 있다.

누구와 친밀해지기를 원할 때에는 친밀한 관계를 통해서 그 사람과 정신적으로 하나가 되려는 혼의 갈망이 있으며, 그 사람의 감정에 동화되는 경향이 있다.

마스 싸인 해석 가이드라인

자기를 주장하는 스타일과 욕망을 표현하는 방식이 어떤지를 알 수 있다.

 마스가 에리즈에 있는 사람

자기를 주장하는 방식이 경쟁적이고 직선적이며 성급하다.

육체 에너지를 새로운 체험을 향해 집중하여 발산한다. 새로운 일을 잘 시작하며, 시작하는 일의 종류나 방식이 독창적인 경우가 많다.

욕구 충족을 위한 행동 의지가 강해서 어떤 장애물도 두려워하지 않고 맞서지만 무모한 나머지 성취에 방해가 될 수도 있다.

사태의 본질을 직감적으로 파악한 다음에 자신 있게 일을 시작하며, 한동안 쉬지 않고 그 일에 몰두하는 경향이 있다.

육체 에너지와 성적 에너지를 대담하고 강하게 충동적으로 표현한다.

마스가 토러스에 있는 사람

자기를 주장하는 방식이 꾸준하고 지속적이며 보수적이고 완강하다.

육체 에너지를 무언가를 강화하고 생산성 있는 일에 쏟는다. 단순한 즐거움을 추구하려는 경향이 있으며, 간혹 창조적이거나 예술적인 솜씨를 발휘한다.

소유나 물질에 대한 관심에서 일을 시작하는 경향이 있다. 하지만 느리거나 게으름을 피우는 경우가 많다.

현 상태에 만족하려는 경향이 있어서 욕망을 성취하는 데 어려움이 있을 수 있다.

육체 에너지와 성적 충동이 생체 리듬이나 육체적인 감각의 영향을 강하게 받는다.

마스가 제머나이에 있는 사람

주로 말로 유연하고 영리하게, 그리고 다양한 세련된 방식을 사용하여 자기를 주장한다.

욕망의 대상이 자주 바뀌는 경향이 있는데, 자기가 무엇을 원하는지 확실치 않아 쉽게 딴 곳으로 눈을 돌린다.

육체 에너지와 성적 충동이 지성을 자극하는 대화나 이미지 또는 호기심을 자아내는 새로운 아이디어 등의 영향을 받는다. 그런 자극에 자신을 완전히 열어 놓고 있다.

마주친 상황에 대해 순간적으로 인식하고 결정을 내리는 경향
이 있다.

무언가 연결점을 만들거나, 새로운 사실을 배우거나, 새로운 기
술을 발전시키거나, 다양한 부류의 사람들과 교류를 하고 싶어
하는 마음이 행동을 유발시킨다.

마스가 캔서에 있는 사람

수줍고 감성적으로, 그리고 상대방의 공감을 유도하는 방식으로
간접적으로 자기를 주장한다.

전통과 자기 삶의 뿌리에 연결되어 있다고 느낄 때 – 가정이 안
정되어 있을 때 – 자기가 바라는 것이 무엇인지 분명히 알 수
있다.

기분 변화가 심하고 자기를 보호하려는 성향이 강해서 주도력과
의지력을 발휘하기가 어려울 수 있다. 하지만 사랑하는 사람을
보호하거나 지원할 필요가 있을 때에는 대담해진다.

누군가에게 보호받고 있다고 느낄 때 육체 에너지와 성적 충동
과 결단력이 강화된다. 하지만 무의식적인 감정 변화와 상처받
을 것에 대한 두려움이 작용하면 억제되고 약해진다.

욕망을 추구하는 방식이 집요하고 직관적이다. 곧 자기 보존 본
능이 강하고 목표 달성을 위한 타이밍 감각이 발달해 있다.

마스가 리오에 있는 사람

자기를 주장하는 방식이 극적이고, 밝고, 따뜻하고, 표현이 풍부
하고, 과시적이다.

욕망의 표현에는 자부심과 인정을 받고자 하는 충동이 늘 함께

한다.

자신감과 넘치는 활력으로 일을 시작하고 추진하며, 창조적인 방
식으로 표현한다.

자신의 체력, 성적 능력, 창의력을 인정받고 싶어 한다. 그래서 다
른 사람이 자기를 주목해 주거나 스스로 관대함을 발휘할 때
육체 에너지와 성적 에너지가 활성화된다.

욕망을 달성하기 위해서 역동적으로 단호하게 자기를 주장하려
고 한다. 하지만 종종 다른 사람을 지나치게 밀어붙이고 지배
하려고 한다.

 마스가 버고에 있는 사람

자기를 주장하는 방식이 겸손하고, 분석적이고, 예의가 바르며,
누군가에게 또는 무언가에 도움이 되고자 하는 형태를 띤다.
때로는 사소한 비판과 함께 그러기도 한다.

예민한 식별 능력으로 결단을 내리고 완벽주의 경향으로 일을
추진한다.

자기비판과 세부 사항에 지나치게 집중함으로써 행동력이 약화
될 수 있다.

누군가를 돕고자 하는 밑바닥 욕구가 육체 에너지와 의지력에
영향을 준다. 그래서 현실적인 감각을 지니고 활기 넘치게 열
심히 일할 수 있다.

욕망을 달성하기 위해 완벽을 추구하려고 한다.

마스가 리브라에 있는 사람

관계성을 고려하면서 사교성 있게 협력하는 태도로 부드럽게 자기를 주장한다.

행동의 밑바닥에는 대립을 조화시키려는 욕구가 깔려 있다.

육체 에너지와 결단력은 관계의 친밀한 정도나 심미적인 요인의 영향을 강하게 받는다.

지나치지 않는 적절한 방법으로 일을 추진하며, 공정함과 균형을 지향한다.

이것저것 선택지를 저울질하면서 결단을 내리지 못하는 우유부단함이 욕망 성취에 방해가 될 수 있다.

마스가 스콜피오에 있는 사람

자기를 주장하는 방식이 자석이 쇠붙이를 끌어당기듯이 열정적이고 강렬하다.

육체 에너지는 억제할 수 없는 강한 욕망과 충동과 도전에 반응하여 즉각 활성화되고, 육체의 인내력이 대단히 강하다.

정서적으로 깊이 교감하면서 강렬한 체험을 하고 싶은 갈망이 성적 충동을 일으킨다.

욕망을 효과적으로 달성하려면 격렬한 정서의 흐름을 바꾸거나 변형시킬 필요가 있다.

자기를 보호하기 위해서 비밀스러움을 지키려는 경향과 지나친 자기통제로 말미암아 결단을 내리고 자유롭게 자기를 표현하는 것이 방해를 받을 수 있다.

마스가 쌔저테리어스에 있는 사람

자기를 주장하는 방식이 솔직하고 이상주의적이고 활기가 넘치
  지만 충동적이고 요령이 없다.

자신의 신념과 도덕과 영감에 따라 원하는 것이 결정된다.

이상을 향한 동경이나 미래에 대한 비전이 결단력과 행동력을
  활성화시킨다.

모험적인 활동을 할 때 힘이 솟고 성적인 자극과 흥분을 경험
  한다.

자기를 확장하고 증진시키려는 충동과 미지의 영역을 끊임없이
  탐험하려는 욕구가 일을 추진하는 원동력이 된다.

마스가 캐프리컨에 있는 사람

야심을 가지고 진지하고 권위적으로 조심성 있게 자기를 주장
  한다.

인내를 가지고 신중하게 계산하고 계획한 다음에 결단을 내린다.

육체 에너지를 개인의 현실(물질)적인 목표를 이루는 데 쓰는 경
  향이 있으며, 대개 장기적인 목표에 도전한다.

욕망을 추구하는 방식이 견실하고 끈질기며, 사회가 용인하는
  방식을 따른다.

성적 충동이 세속적이고 강하지만 자제를 잘 한다.

마스가 어퀘리어스에 있는 사람

자기를 주장하는 방식이 지성적이고 독립적이고 별나고 개인주
  의적이다.

일을 추진하는 능력과 의지력은 자기를 얼마나 자유롭게 표현할

수 있느냐에 달려 있다.

반항적인 성향으로 목표를 성취하기가 어려울 수 있으나, 개선과 변혁하려는 충동을 창조적인 혁신 쪽으로 방향을 전환시킬 수 있다.

욕망을 열정적으로 표현하는 것이 초연한 태도 때문에 방해를 받을 수 있다.

육체 에너지와 성적 충동은 새로운 아이디어와 가능성에 대한 기대감으로 흥분될 때, 그리고 자유롭게 이것저것 실험해 볼 수 있을 때 왕성해진다.

 ### 마스가 파이씨즈에 있는 사람

자기를 주장하는 방식이 이상주의적이고 공감을 불러일으키며 바닥에는 친절함과 애정이 깔려 있는 경우가 많다.

추진력과 의지력은 다른 사람들과의 감정이입 정도와 얼마나 동정심이 일어나느냐에 달려 있다.

감정적인 취약성으로 말미암아 자기를 주장하거나 결단을 내리기가 어려울 수 있다.

육체 에너지와 성적 충동은 항상 몽상과 분위기와 정서의 영향을 받는다.

겉으로 드러나지 않게 미묘하게 욕망을 추구하며, 주로 영감이나 직관이나 비전 때문에 욕망이 일어난다.

주피터 싸인 해석 가이드라인

주인공이 삶을 개선하고 성장을 추구하는 방식과 삶에 대한 신뢰를 경험하는 방식을 보여 준다.*

♃ ♈ 주피터가 에리즈에 있는 사람

자신만만하게 자기를 주장하는 활동을 통해서 성장하고 발전하려고 한다.

자신의 진취적인 기상과 에너지에 의존할 때 삶에 대한 믿음이 생긴다. 이 기능이 잘 발달되면 지도력을 발휘할 수 있다.

새로운 체험을 향해서 에너지를 한곳에 집중할 때 성장할 수 있는 기회가 온다.

침착하지 못하고 공격성이 지나쳐서 감당할 수 없을 정도로 일을 벌이거나 과도한 위험을 끌어들여서 발전할 수 있는 기회를 놓칠 수도 있다.

용기와 자신에 대한 믿음이 얼마나 중요한지를 선천적으로 알

---

* 전통적으로 천문 해석에서 주피터의 중요성이 과소평가되었으며, 지금도 그러하다. 하지만 주피터는 우리를 미래로 이끌고, 특히 이상적으로 어떻게 성장하고 발전해 나갈 것인가에 대한 단서를 제공한다. 많은 해석자들이 주피터의 보다 깊은 의미를 간과한 채 다른 행성들보다 훨씬 더 자세하고 세부적인 가이드라인을 제시하고 있다. 시대가 복잡하고 복합적이라는 측면에서 보면 주피터의 원리는 아주 단순하다. 또한 시대가 상대주의적이고 물질주의적이라는 측면에서 보면 주피터의 원리는 대단히 철학적이다. 누가 됐든지 주피터 싸인의 특징은 그 사람의 개성에 강하게 반영된다. 주피터 싸인의 속성이 개인의 개성과 특징에 고루고루 스며들어 있기 때문이다. 대부분의 사람들이 자신의 주피터 싸인의 에너지, 능력, 속성을 높은 수준으로 지니고 있다. 하지만 너무 쉽고 자연스럽게 오기 때문에 당연한 것으로 여기는 경우가 많다. 주피터는 향상시키고 격상시킨다. 그리고 모두는 아니지만 대부분의 사람들은 주피터 싸인 속성의 관대하고 긍정적인 측면을 드러내 보인다.

고 있다.

♃ ♉ 주피터가 토러스에 있는 사람

끈기 있게 생산성 있는 구체적인 확실성을 확보함으로써 삶을
개선하고 성장하려고 한다.

물질세계를 깊이 이해하고 충분히 즐길 수 있을 때 더 큰 질서
에 연결되어 있고자 하는 욕구가 충족되며, 대개 육체적 감각
이 잘 발달되어 있다.

인생을 돈과 소유물과 호사스러움을 통해서만 증진시키려는 태
도 때문에 지나친 낭비와 물질 만능주의에 빠질 수 있다.

쾌락을 추구하는 인간의 본성을 관대한 이해심을 갖고 받아들
인다.

자연과 교류할 때, 단순한 생활을 영위해 나갈 때 잘 살고 있다는
믿음이 생긴다. 이것은 토러스의 고귀한 측면이다.

♃ ♊ 주피터가 제머나이에 있는 사람

커뮤니케이션을 통해서, 그리고 다양한 재주를 발전시키고 폭넓
은 배움을 통해서 성장하고 발전하려고 한다.

다양한 상황과 사물의 관련성을 즉각 알아차리고 그것을 말로
표현할 수 있을 때 잘 살고 있다는 믿음이 생긴다. 폭넓은 관심
을 갖고 살 때 사는 의미를 느낀다.

호기심의 대상이 자주 변하고, 행동보다는 생각이 지나쳐서 근
심하는 지경에 이를 수 있다. 그런 경우에는 타고난 낙천성을
잃어버릴 위험이 있다.

인생에 대한 믿음을 경험하기 위해서는 지성과 이성의 힘을 키

울 필요가 있다. 합리적이고 논리적인 이해를 통해서 더 큰 질서에 연결되고픈 욕구가 있는데, 그 욕구를 잘 계발할 필요가 있다.

커뮤니케이션의 중요성을 선천적으로 이해하고 있으며, 다른 사람에게 유익한 정보를 제공하려는 욕구가 있다.

주피터가 캔서에 있는 사람

가족의 가치를 발전시키고 또 다른 사람을 정서적으로 후원함으로써 성장하고 발전하려고 한다.

다른 사람을 보호하고 양육하려는 본능적인 정서를 잘 발휘할 때 성장하고 확장할 수 있는 기회가 온다.

다른 사람의 느낌을 민감하게 알아차릴 수 있을 때 마음이 편하고 자신감이 생긴다. 대개는 이런 기능이 잘 발달되어 있다.

자기를 보호하려는 성향을 지나치게 발휘함으로써 위에서 작용하는 큰 힘에 대한 신뢰가 약화될 수도 있다.

안전함을 추구하는 인간의 욕구를 선천적으로 이해하고 있으며, 다른 사람의 안전을 위해 기꺼이 도움을 주려고 한다. 이것은 캔서의 고귀한 측면이다.

주피터가 리오에 있는 사람

창조적인 활동과 넘치는 활력을 마음껏 표현하고 다른 사람을 따뜻하게 격려하는 행동을 통해서 성장하고 발전하려고 한다.

자부심과 인정에 대한 욕구가 성장을 위한 행위에 불을 붙인다. 사람들이 주목받고 싶어 하고 자신감을 갖고자 하는 욕구를 직감적으로 안다.

삶에 대한 믿음이 천부적으로 강하지만, 이기적인 오만함과 다른 사람을 지배하려는 태도 때문에 질서에 대한 믿음이 힘을 발휘하지 못할 수도 있다.

쇼맨십 감각과 직감이 발달해 있으며, 그런 재능을 발휘하여 다른 사람에게 깊은 인상을 줌으로써 인정받을 때 자신감이 생긴다.

인생을 드라마처럼 여기고 자기가 맡은 역할을 멋지게 한다고 느낄 때 행복감을 누린다. 하지만 간혹 자신이 너무 중요한 역할을 하고 있다는 지나친 신념을 갖고 있는 경우가 있다.

♃♍ 주피터가 버고에 있는 사람

다른 사람을 자발적으로 돕고, 충실하게 봉사하고, 훈련을 통해 자기 발전을 꾀함으로써 성장하고 발전하려고 한다.

겸손한 자세로 보다 높은 차원의 힘에 의지하며, 규칙적으로 일하는 것과 자기 훈련을 가치 있게 여긴다.

완전함을 바라는 욕구가 있으며, 그런 욕구가 자기 발전을 꾀하도록 만든다.

사소한 것에 지나치게 관심을 기울이는 경향 때문에 큰 그림을 놓치는 경우가 있지만, 대개는 편협함에 치우치지 않는 비판 능력이 잘 발달되어 있다.

분석하고 비판하는 능력을 적절하게 사용하는 방법을 천부적으로 이해하고 있다.

주피터가 리브라에 있는 사람

공정하고, 객관적이고, 균형 잡힌 입장을 유지하면서 외교적인 수완을 발휘함으로써 성장하고 발전하려고 한다.

균형이 잡히고 치우치지 않는 넓은 마음을 유지할 수 있을 때 잘 살고 있다는 신념이 강화된다.

친밀한 관계를 유지하며 파트너십을 발휘할 때 성장할 수 있는 기회가 오는데, 일반적으로 일대일 관계를 성실하게 유지하는 능력이 잘 발달되어 있다.

협동하고, 나누고, 다른 사람을 배려하고 격려하는 행위를 할 때 한 차원 높은 질서에 연결되어 있다는 느낌을 받는다. 때로는 예술이나 아름다운 것을 통해 그런 느낌을 받는다.

문제의 모든 측면을 저울질하려는 욕구에 너무 치우치면 결단을 하지 못해서 성장할 수 있는 과감한 행동을 취하는 것이 방해를 받을 수 있다.

주피터가 스콜피오에 있는 사람

욕망이나 충동을 현상의 배후에서 작용하는 삶의 내적인 요소들에 대한 이해를 통해서 승화시킴으로써 성장하고 발전하려고 한다.

대개 기략이 풍부하고 포착한 기회를 놓치지 않는 능력이 있는데, 사람이나 상황을 날카롭게 판단하는 이런 능력을 통해서 성장하고 발전할 수 있는 기회를 잡을 수 있다.

내면에 숨겨진 두려움이나 정서적인 폐쇄성으로 인해서 성장에 대해서 비관적인 견해를 갖거나 보다 높은 힘에 의지하는 믿음이 손상을 받을 수 있다. 그럼에도 불구하고 스콜피오 주피터는 스콜피오의 기질이 보다 고상하고 승화된 형태로 표현되게 만든다.

자기보다 큰 힘에 연결되려는 욕구는 정서가 동반된 강렬한 체
   험을 통해서 충족할 수 있다. 그런 체험을 할 때 더 높은 힘에
   대한 믿음이 생긴다.
자기 인생에 대한 자신감을 얻기 위해서는 삶을 변형시킬 수 있
   는 강력한 힘에 연결되어야 한다.

♃ ♐ 주피터가 쌔저테리어스에 있는 사람

높은 이상과 원대한 꿈을 갖고 자신의 타고난 신념에 따라 살면
   서 성장하고 발전하려고 한다.
보다 큰 질서를 이해하고 의지하는 믿음은 타고난 낙관적이고
   철학적인 경향성으로 인해 더욱 강화된다.
외부 세계와 내면세계 탐구를 통해서 성장하고 발전할 수 있는
   기회가 온다.
지나치게 확장하는 데에 관심을 가짐으로써 당장 주어진 가능
   성과 기회를 놓칠 수 있고 에너지 고갈 상태에 빠질 수 있다.
인간 너머의 큰 그림에 의지하는 종교적인 차원의 중요성을 선
   천적으로 잘 이해하고 있다.

♃ ♑ 주피터가 캐프리컨에 있는 사람

자기를 억제하면서 꾸준히 힘들게 일하는 것을 통해서 삶을 증
   진하고 성장하려고 한다.
보수적인 성향을 유지하면서 자제력을 발휘하며 자기 증진을 꾀
   한다. 다른 사람의 신뢰를 얻는 권위에 대한 타고난 감각을 가
   지고 있다.
지나치게 걱정이 많고 삶을 너무 진지하게 대하는 태도 때문에

낙천성과 확장의 기회를 잃을 수 있다.

체험으로 입증할 수 있는 현실성 있는 것, 그리고 역사와 전통의 가치에 대한 자신의 타고난 이해를 신뢰하는 경향이 있다.

인내심이 있고 책임감 있는 믿을 만한 사람의 역할을 잘 수행할 때 성장하고 발전할 수 있는 기회가 오는데, 그러한 기질이 대체로 잘 발달되어 있다.

♃ ♒ 주피터가 어퀘리어스에 있는 사람

인도주의적인 이상과 지적인 발전 및 용감한 실험 정신을 통해서 성장하고 발전하려고 한다.

삶에 대한 낙천성이 지나치게 거리를 두고 관련되지 않으려는 태도로 인해서 왜곡되어 보일 수 있지만, 대체로 다른 사람에게 관대한 편이다.

지적으로 완전한 독립성을 보장받고 있다고 느낄 때 자신감이 생기며, 과학적인 태도가 선천적으로 잘 발달되어 있다.

비정통적이고 개인주의적인 자기만의 독특한 믿음을 갖고 있는 경우가 많다.

모든 인간이 동등하다는 평등주의와 모든 지식이 자유롭게 표현될 수 있어야 한다는 보편주의를 지지한다.

♃ ♓ 주피터가 파이씨즈에 있는 사람

관대한 마음으로 공감 영역을 확대하면서 자신의 이상에 따르는 삶을 통해서 성장하고 발전하려고 한다.

민감한 정서로 인정이나 동정심을 발휘할 때 잘 살고 있다는 믿음과 만족감을 얻는다.

목적이 불분명하고 무비판적인 태도와 현실 도피주의 성향 때문
　에 자기 발전이 방해를 받을 수 있다.

고통 받는 모든 것에 대한 연민으로 말미암아 은총에 대해 열
　려 있다.

보다 높은 힘에 대한 믿음을 선천적으로 타고났으며, 이상에 대
　한 헌신과 삶의 영적인 차원에 열려 있어야 하는 중요성에 대
　해 잘 알고 있다.

쌔턴 싸인 해석 가이드라인

주인공이 삶을 어떻게 안정시키려고 하며 자기를 보존하기 위해서
어떤 식으로 노력하는지를 보여 준다.

 쌔턴이 에리즈에 있는 사람

새로운 체험을 향해서 정력적으로 돌진함으로써 삶의 안정을 꾀
　하고 자기를 보존하려고 한다.

역동적인 에너지를 분산시키지 않고 하나의 목표로 집중해서 발
　산한다. 용기와 대담성을 키워 자기를 발전해 나가려고 한다.

공격적이고 경쟁적인 행동을 통해서 물질과 관련된 현실적인 목
　표를 이루려고 한다.

지나치게 걱정하고 조심하는 마음 때문에 자유로운 행동이 억제
　될 수도 있다. 또한 어린애처럼 지나치게 자기중심적인 태도로
　인해 책임을 잘 받아들이지 못할 수 있다.

성취감을 맛보기 위해서는 독립성을 갖고 행동하는 것이 꼭 필

요하다.

쌔턴이 토러스에 있는 사람

생산성 있는 일과 무엇을 소유하는 일에 지속적으로 에너지를
투입하고 자신의 물질적인 자원에 의지함으로써 삶의 안정을
꾀하고 자기를 보존하려고 한다.

성실하고 쉽게 흔들리지 않는 믿을 만한 성품이 주인공의 현실
적인 안정을 보장해 주지만, 게으름 때문에 현실적으로 안정된
상태에 도달하는 것이 어려울 수도 있다.

사회적으로 인정을 받기 위해서는 사회가 요구하는 전통적이고
기본적인 가치에 초점을 맞출 필요가 있다고 느낀다.

소유를 통해서 기반을 튼튼히 다지려는 욕구가 너무 강하면 에
너지가 유연하게 흐르는 것이 방해를 받을 뿐만 아니라, 물질
을 잃으면 삶의 통제력을 잃는다는 두려움 때문에 극단적으로
보수적이고 완고한 사람이 될 수 있다.

육체적인 감각, 예술, 아름다움, 자연 등을 깊이 감상하기 위해 부
지런히 노력하려 한다.

쌔턴이 제머나이에 있는 사람

상황이나 대상을 인지하고 인지한 사실에 따라 삶을 영위함으로
써 삶의 안정을 꾀하고 자기를 보존하려고 한다.

자신의 지적인 자산에 의지해서 삶을 안정시키려는 경향이 있으
며, 때문에 끊임없이 새로운 사고방식을 도입한다.

다양한 정신적인 자극에 대한 욕구 때문에 의무와 책임을 소홀
히 할 수 있다. 또한 회의적인 태도와 필요치도 않은 사소한 것

에 지나치게 관심을 기울이는 경향 때문에 폭넓게 배우고 경험하는 것이 방해를 받을 수 있다.

객관적으로 생각하고 의견을 조리 있게 표현하기 위해서 생각을 집중하는 힘을 키울 필요가 있다.

자신의 삶의 토대를 지적인 합리화를 통해서 지키려고 한다. 주로 말을 통해서 자기의 체계를 옹호한다.

쌔턴이 캔서에 있는 사람

가족이라는 뿌리와 영향력을 명확하게 의식하고 그 힘의 보호와 양육을 받고 있다는 느낌을 통해서 삶의 안정을 꾀하고 자기를 보존하려고 한다.

쉽지는 않겠지만, 자신의 감정을 받아들이고 그것을 자신 있게 표현하는 것이 중요하다.

자신의 정서적 민감성과 취약성에 대한 두려움을 극복하려는 노력을 기울여야 한다.

자기방어를 통해서 삶의 안정과 안전을 확보하려는 욕구가 강하다.

상처받을 것이 두려워서 감정을 억제하는 경향이 있는데, 이것이 지나치면 삶이 경직되고 공허해진다.

쌔턴이 리오에 있는 사람

창조적인 활동, 자기표현, 성실하고 절제된 애정을 통해서 삶의 안정을 꾀하고 자기를 보존하려고 한다.

개성을 마음껏 발휘할 수 있을 때 자기의 삶이 안전하다는 느낌을 받는다.

자신감을 갖고 마음 속 깊은 곳에서 울리고 있는 혼의 갈망에 따를 필요가 있다.

자신의 타고난 가치에 대한 신뢰심이 부족해서 자기표현을 자신 있게 하지 못할 수 있다.

인정을 받고 싶은 욕구와 자부심이 책임과 의무를 받아들이는 데 중요한 역할을 한다. 책임과 의무를 창조적인 방식으로 이행할 수 있을 때 행복감을 맛볼 수 있다.

♄ ♍ 쌔턴이 버고에 있는 사람

분석력을 발휘하고 책임과 의무를 다하며 필요한 사람을 돕는 행위를 통해서 삶의 안정을 꾀하고 자기를 보존하려고 한다.

체계적인 훈련을 통해서 세부적인 사항까지 마스터하고 완벽한 기술을 발휘할 수 있을 때 깊은 만족을 얻는다.

현실적으로 일을 효과적으로 할 수 없다는 자신감 결여 때문에 지나치게 두려워하거나 염려하는 경향이 있다.

효율성에 초점을 맞추고 집중해서 노력할 때 성취감을 맛볼 수 있다.

자신이 필요한 사람이라는 믿음을 갖고, 겸손한 자세로 전문성을 갖춘 능력을 발휘할 때 현실적인 안정을 얻을 수 있다.

♄ ♎ 쌔턴이 리브라에 있는 사람

공정하고 책임감 있는 인간관계를 맺는 능력을 통해서 삶의 안정을 꾀하고 자기를 보존하려고 한다.

모든 계획과 인간관계를 조화와 균형이라는 대원칙에 맞추려고 의식적으로 노력한다.

관계를 맺으면 어느 정도의 속박이 있기 마련인데, 그 속박에 대한 두려움 때문에 친밀한 관계를 맺고 안정된 현실을 이루는 일이 방해를 받을 수 있다.

관계를 유지하기 위해서 상당히 노력하며, 약속과 의무를 중요하게 생각한다. 그리고 약속과 의무를 잘 이행할 수 있을 때 깊은 만족을 얻는다.

다른 사람을 기쁘게 해 주고 싶은 마음 때문에 하기 싫은 일을 억지로 떠맡는 경우도 있다. 하지만 대개는 적절하고 공평한 처사로 사회적인 인정을 받는다.

♄♏ 쌔턴이 스콜피오에 있는 사람

격정을 억누름으로써, 그리고 에너지를 비축함으로써 삶의 안정을 꾀하고 자기를 보존하려고 한다.

자신의 정서 상태를 방어하려는 강한 충동이 있는데, 이 때문에 성공을 위한 토대가 침식되거나 다른 사람과 친밀한 관계를 맺는 것이 방해를 받게 된다.

거의 강박관념 수준으로 자신의 능력에만 의존하려는 경향이 있는데, 이 때문에 보다 큰 성공에 이르는 것이 방해를 받을 수 있다.

내면의 깊은 감정을 표현하는 것을 두려워하거나 때로는 인정조차 하지 않고 무시하거나 억누르려는 태도 때문에 감정의 흐름이 '얼어붙어' 삶에서 깊은 만족을 얻기가 어려울 수 있다.

필요하지 않은 것들을 모조리 제거하고 삶을 총체적으로 변화시키기 위해서 자기를 억제하며 노력을 한다. 이런 행위가 때로는 아주 의미 있는 개혁으로 이어질 수 있다.

쌔턴이 쌔저테리어스에 있는 사람

확고한 믿음을 갖고 원대한 목표를 향해 나아감으로써 삶의 안정을 꾀하고 자기를 보존하려고 한다.

정신적으로 강인해질 필요가 있다고 느끼면서, 때로는 자기 능력의 한계를 넘어설 만큼 많은 책임과 의무를 떠맡으려고 한다.

변하는 상황에 맞추기 위해서 수시로 계획과 구조를 바꾸며 '계속 활동하는' 경향이 있다. 따라서 삶의 안정을 꾀하려면 목표에 접근하는 방식을 체계적으로 다듬을 필요가 있다.

철학적인 주제를 탐구하고 자신의 이상을 구체적으로 확립하는 노력을 할 때 안정감과 삶의 만족을 느낄 수 있다.

자신의 믿음이 사회적으로 인정받기를 바라는 마음이 강하다. 그러나 전통을 너무 중시하는 태도나 너무 멀리 벗어나는 것이 아닌가 하는 두려움 때문에 자유로운 진리 추구가 방해를 받을 수 있다.

쌔턴이 캐프리컨에 있는 사람

권위와 사회적인 지위 그리고 야망을 성취함으로써 삶의 안정을 꾀하고 자기를 보존하려고 한다.

책임과 의무를 수행하기 위해서 자기를 억제하며 많은 에너지를 쏟는다.

일을 조직적으로 처리하는 능력이 상당 수준으로 발달해 있는데, 이것이 너무 지나치면 모든 상황을 지나치게 엄격하게 통제하려는 모습으로 나타난다.

단호함, 보수주의, 조심성 있는 행동 등을 통해서 자신의 안정된 구조를 방어하기 위해 힘들게 노력하는 경향이 있다. 주위로부터 인정을 받지 못할 것에 대한 두려움 때문에 자신의 진정한 목표를 추구하고 성취하는 것이 방해를 받을 수 있다.

자신의 힘과 능력으로 현실적으로 믿음직한 사람이 되려는 욕구가 마음 속 깊은 곳에 내재되어 있다.

쌔턴이 어퀘리어스에 있는 사람

잘 훈련된 지적인 능력과 명료한 지식을 통해서 그리고 미래지향적인 사회적인 목표를 추구함으로써 삶의 안정을 꾀하고 자기를 보존하려고 한다.

개념을 체계적으로 정리하거나 그룹을 조직하는 능력이 잘 발달되어 있다.

동료들로 이루어진 집단을 유지하기 위해 노력하며, 이런 집단의 에너지를 이끌어 무언가를 성취하려고 애쓰는 경향이 있다.

기발한 독창성과 극단주의 성향이 있는데, 너무 튀는 이런 성향 때문에 현실에서 무언가를 성취하는 것이 방해를 받을 수 있다. 사회적인 지위의 불안정성에 대한 염려 때문에 자유롭고 독창적인 자기표현이 억제될 수도 있다.

자신의 인생 목적을 안정시키고 인정받지 못할 것에 대한 두려움을 극복하기 위해서는 오히려 사회활동에 적극적으로 참여할 필요가 있다.

쌔턴이 파이씨즈에 있는 사람

인간성의 한계를 초월하여 보다 큰 존재나 그룹 또는 어떤 초월적인 이상과 연합함으로써 삶의 안정을 꾀하고 자기를 보존하려고 한다.

현실에서 떠나고 싶은 갈망이 있는데, 이 때문에 책임이나 의무를 떠맡는 것이 힘들 수 있다. 또는 두려움과 보수적인 힘을 너무 강하게 발휘하면 초월적인 영감을 실현하려는 갈망이 억압될 수도 있다.

다른 사람을 치료할 수 있는 자비와 연민의 힘을 훈련과 노력을 통해서 발산할 수 있으며, 아낌없이 주는 이런 노력을 통해서 경직성에서 벗어날 수 있다.

삶의 안정을 유지하기 위해서는 자신의 섬세한 감정이나 정서를 표현할 수 있어야 하며, 또한 현실을 회피하려는 애매모호한 태도를 훈련을 통해 극복할 수 있어야 한다.

더 높은 비전과 현실성을 동시에 획득하기 위해서는 자신의 영적인 자원에 의지하고, 영적인 꿈을 현실화시키는 노력을 할 필요가 있다.

유레너스, 넵튠, 플루토 싸인

유레너스와 넵튠과 플루토는 세대의 특징을 알려 주는 지표 역할을 한다. 이를테면 이들 세 행성의 싸인을 통해서 세대마다 다른 집단적인 심리적 성향을 알 수 있다. 하지만 개인의 성향을 파악하는 데에는 상대적으로 중요성이 떨어진다. 이들 세 행성은 한 싸인을 통과하는 데 여러 해가 걸린다. 그래서 비슷한 시기에 태어난 사람은 이들 행성의 싸인이 같기 때문에 세 외행성의 싸인으로 '개인의 특성'을 설명하기는 어렵다. 개인의 특성을 이해하기 위해서는 이들 행성이 들어가 있는 하우스와 다른 행성들과 맺고 있는 어스펙트를 참고하는 것이 훨씬 중요하다. 특히 유레너스와 넵튠과 플루토가 퍼스널 플래닛(썬, 문, 머큐리, 비너스, 마스)과 맺고 있는 어스펙트는 자기와 동년배 세대가 변화하려는 욕구에 어떻게 조율되어 있고 어떻게 반응하는지를 보여 주는 경우가 많다. 일부 사람들의 삶에서는 이들 외행성이 악보에 표시는 되어 있지만 소리를 내지 않는 '묵음 부호'처럼 보일지라도 이들 외행성이 암시하는 크고 깊은 변화를 오로지 개인 차원에서 깊이 경험하게 되는 경향이 있다. 따라서 외행성이 개인의 관심과 활동에 어떤 영향을 줄지는 차트의 다른 행성들과의 관계를 보고 판단해야 한다. 달리 말하자면, 세 외행성이 자리 잡고 있는 싸인의 속성과 에너지는 이들 세 외행성이 차트의 다른 중요한 요소들과 강력하고 긴밀한 관계를 맺고 있지 않다면 개인의 두드러진 특징으로 나타나지 않는 것이 보통이다. 예를 들어서 유레너스나 넵튠이나 플루토가 다른 일곱 행성 중 어떤 행성과 컨정션되어 있다면 그 싸인의 에너지가 엄청나게 증폭될 수 있다. 이를테면 리오에서 플루토와 비너스가 컨정션되어 있을 경우 리오 에너지가 엄청나게 증폭될 것이라는 말이다. 또한 이들 세 외행성 중에 어느 하나가 트라인(120도)으로 연결되어 있는 다른 두 행성과 각각 트라인으로 연결되어서 행성 셋이 그랜드 트라인(정삼각형 모양)을 이루었다면 대개는 이들 세 행성이 자리 잡고 있는 싸인의 원소가 같게 되는데, 이럴 경우 그 원소의 특징이 아주 강화되어 나타난다. 예를 들면, 제머나이에 있는 유레너스가 어퀘리어스에 있는 썬과 리브라에 있는 문과 그랜드 트라인을 형성했다면 유레너스가 공기 원소 에너지를 증폭시킨다는 말이다.

유레너스, 넵튠, 플루토가 어떤 싸인의 에너지를 증폭시키는 효과는 이들이 라이징 싸인과 같은 싸인에 있을 때도 나타난다. 이들이 12번째 하우스에 있더라도 어센던트에 가까이 붙어 있다면 라이징 싸인의 특징이 아주 강화된 모습으로 나타난다. 예를 들면, 라이징 싸인이 리오인데 플루토가 리오에 있다면, 플루토의 비밀스러움과 자기를 통제하려는 영향력이 어느 정도 가미된 상태로 리오의 속성이 강화될 것이다.

6장
어센던트와 미드헤븐

어센던트의 주요 개념

'어센던트Ascendant'와 '라이징 싸인Rising Sign'은 대체로 같은 의미로 사용하나 분명한 차이점은 있다. 어떤 사람이 태어날 때 동쪽 지평선에 떠오르고 있던 싸인을 라이징 싸인이라고 하고, 라이징 싸인의 정확한 도수 곧 정확하게 동쪽 지평선과 만난 그 지점을 어센던트(ASC로 표기하기도 한다)라고 한다. 따라서 어센던트가 더 정확한 용어다. 예를 들어서 어떤 사람이 태어날 때 동쪽 지평선에 떠오르고 있던 싸인이 리오라면 그의 라이징 싸인은 리오이고, 그 동쪽 지평선과 만난 지점이 리오 21도 29분이었다면 그의 어센던트는 리오 21도 29분이 되는 것이다.

어센던트 또는 라이징 싸인의 의미를 한마디로 정의하기는 매우 어렵다. 어센던트와 라이징 싸인은 주인공이 세상에서 어떻게 행동하는가를 보여 주는 상징이고, 다른 사람에게 보이는 '가면mask' 또는 '개성의 이미지'이며, 당면한 제반 삶의 양상에 자발적으로 반응하는 에너지 또는 태도가 어떠한지를 보여 준다. 어떤 사람에게는 어센던트 에너지가 분명하게 나타나는 것은 사실이지만, 그럼에도 불구하고 데인 러디아르가 지적한 것처럼 어센던트는 "출생 차트에서 가장 파악하기 어려운 요소"다. 어센던트나 라이징 싸인의 특징이 아주 피상적으로밖에 나타나지 않는 사람도 많다. 이에 대해서 제프 메이요Jeff Mayo는 이렇게 말한다.

"(어센던트와 라이징 싸인은) 어떤 사람이 사업이나 사회 활동을 하면서 자신의 진짜 성격의 많은 부분을 감추고 겉으로 드러내 보이는 얼굴일 수 있다. 그의 진짜 성격은 아주 가까운 사람들에게만 보인다. 심지어는 자기 자신도 자기에게 그런 특성이 있는지 모르고 있는 경우가 많다."

그러나 다른 사람이 보는 '가면' 또는 '개성의 이미지'는 의도적으로 만들어 내는 것이 아니라, 자동적으로 그렇게 투사된다. 여러 책에서 어센던트가 겉으로 드러나는 모습만을 보여 주는 것처럼 암시하고 있지만 그렇지만은 않다. 어센던트는 늘 주인공의 내적인 상황과 외적인 상황의 본질적인 그 무엇을 동시에 보여 주는 지표다. 어센던트 에너지를 사용하지 않고 세상에서 활동하거나 자신을 표현하는 것은 사실상 불가능하다. 여러 가지 점에서, 어센던트는 주인공이 외부 세계와 가장 직접적으로 만나는 대문gate이다. 그래서 주인공이 삶에 임하는 양상을 상징적으로 보여 준다. 달리 말하자면 에너지가 자발적으로 흐를 때 어떤 태도로 외부 세계에서 활동하는가를 보여 준다.

어센던트는 주인공이 스스로 자기 자신의 독자성을 느끼는 방식이 어떠한지를 보여 준다. 어센던트는 항상 개성과 삶을 대하는 태도의 본질적인 무언가를 보여 주는데, 차트의 다른 요소들과 조화를 이루거나 지원을 받을 때 그 모습이 훨씬 더 잘 드러난다. 차트의 다른 요소들과 조율이 잘 되어 있지 않으면 어센던트 에너지는 피상적인 수준밖에는 표현되지 않는다. 그런 경우에는 주인공의 나머지 개성과는 전혀 딴판인, 인위적으로 만들어 쓴 마스크 같은 느낌이 들 가능성이 있다.

어센던트의 원소

어센던트의 원소는 어떤 성질을 갖고 있는 에너지가 육체에 직접 활기를 불어 넣는가, 그리고 인생을 대하는 대체적인 태도가 어떠한가를 보여 준다. 라이징 싸인의 원소가 불이나 공기인 경우에는 에너지를 역동적으로 사용하며, 활발하고 적극적으로 '자기를 표현'하는 경향이 있다. 라이징 싸인의 원소가 흙이나 물이라면 활기 발산을 어느 정도 억제하면서 에너지를 보존하려는 경향을 보인다. 그래서 심하면 자기를 억누르기까지 하면서 내면세계에 안주하려고 하기도 한다.

라이징 싸인의 원소가 불인 경우(에리즈, 리오, 쌔저테리어스)

활기와 육체 에너지가 넘친다. 세상을 향해서 에너지를 발산한다. 삶에 대해서 긍정적이고 낙관적인 견해를 갖고 자신감이 보인다. 직설적이고 솔직한 태도 등의 특징을 보인다. 활동적이고 인생에 흔적을 남기고 싶어 하며, 자기 노력의 결과가 현실로 나타나는 것을 보고 싶어 한다. 행동 지향적인 성향 때문에 에너지를 과도하게 쓰는 경향이 있으며, 자기 자신과 다른 사람의 미묘한 욕구를 알아차리지 못할 수 있다.

라이징 싸인의 원소가 흙인 경우(토러스, 버고, 캐프리컨)

현실적인 견해를 갖고 있으며, 물질세계에 초점을 맞추고 있다. 보수적인 태도 때문에 상상력이 제한을 받을 수 있다. 그로 인해서 스스로 선택권을 제한하거나 자발적인 자기표현을 억제할 수 있다. 끈기가 있고 확실한 사람이라는 평가를 받는 경우가 많다. 현실성과 인내심을 타고났기 때문에 다른 어센던트보다 일상적으로 반복되는 일을 더 잘해낼 수 있다. 무슨 일이든지 이미 만들어진 방식에 따라서 체계적으로 하려고 한다.

라이징 싸인의 원소가 공기인 경우(제머나이, 리브라, 어퀘리어스)

마음이 빠르고 활발하게 움직인다. 호기심이 많고, 사회성이 있으며, 친근감이 있으며, 말하는 것을 좋아한다. 영리하게 상황을 빨리 알아차린다. 행동은 하지 않고 마음속으로 이렇게 저렇게 지나치게 생각만 계속하는 만성적인 상태에 빠질 수 있다. 모든 것을 이해하기를 원하기에 관념 세계에서 많이 지낸다. 자기 생각을 전달하는 재능과 다른 사람의 관점을 알아차리는 타고난 재주가 있다.

라이징 싸인의 원소가 물인 사람(캔서, 스콜피오, 파이씨즈)

환경이나 다른 사람의 영향을 민감하게 받는다. 상처받는 것에 대한 느낌이 강하기 때문에 과민하고 우울하거나 경계하는 태도를 보일 수 있다. 자기 자신과 자기가 돌보아야 하는 사람을 방어하려는 경향이 있다. 동정심이 많고 다른 사람의 감정을 자기감정처럼 느낀다. 자기 내면에 몰입해서 개인적인 삶을 즐기는 경향이 있다.

어센던트의 룰러

라이징 싸인의 룰러는 대단히 중요하다. 그래서 옛날부터 '차트의 지배자Ruler of the Chart'* 또는 차트를 '지배하는 행성Ruling Planet'이라고 불렀

---

* 만약 주인공의 어센던트가 고대 룰러ancient ruler와 현대 룰러modern ruler, 즉 룰러가 두 개인 스콜피오, 어퀘리어스, 파이씨즈라면 그 두 행성의 하우스를 함께 고려해야 한다. 주인공의 삶에서 그 두 하우스가 어떤 식으로든 강조될 것이기 때문이다. 그러나 싸인의 영향력은 특별한 예외적인 요소가 개입되어 있지 않는 한, 언제나 고대 룰러의 싸인이 현대 룰러의 싸인보

다. 어센던트의 룰러가 자리 잡고 있는 싸인과 하우스는 인생을 대하는 주인공의 전반적인 태도에 상당한 영향을 준다. 어센던트의 룰러가 자리 잡고 있는 하우스가 암시하는 인생 영역에서 그 행성이 상징하는 기능과 에너지를 잘 발휘할 때 활기 있게 살고 있음을 느낄 수 있으며, 자신 있게 자기를 표현하고픈 욕구가 생기고, 내적으로도 더욱 안정감과 사는 보람을 느낄 수 있다.

어센던트 룰러의 싸인

주인공이 어떤 에너지에 지배적으로 조율되어 있는가를 보여 준다. 대개의 경우 매우 중요한 특징으로 나타난다. 어센던트 룰러의 싸인은 주인공의 행동이나 자기표현을 촉발시키는 기본적인 에너지가 무엇인지를 보여 준다.

어센던트 룰러의 하우스 위치

주인공이 주로 삶의 어떤 영역에 에너지와 노력을 쏟아붓는가, 그리고 인생에서 중요한 문제를 주로 어떤 영역에서 만날 것인가를 보여 준다. 자기 속에 내장되어 있는 에너지와 재능을 충분히 발휘하기 위해서는 어센던트의 룰러가 자리 잡고 있는 하우스 영역에서 활동적으로 삶을 전개할 필요가 있다.

다 훨씬 강한 영향력을 행사한다. 그렇기 때문에 고대 룰러의 싸인을 특히 잘 살펴봐야 한다. 예를 들어 라이징 싸인이 스콜피오이고 스콜피오의 현대 룰러인 플루토가 차트의 다른 요소들과 중요한 관계를 맺고 있지 않다면, 스콜피오의 고대 룰러인 마스가 그 사람의 외적으로 드러나는 성격에 훨씬 더 큰 영향을 미친다. 다른 예를 들자면, 플루토가 리오를 통과하고 있던 시대에 태어난 세대가 있다. 그들 중에서 라이징 싸인이 스콜피오인 사람들에게서 스콜피오의 현대 룰러인 플루토 싸인인 리오의 특징이나 영향력이 일괄적으로 나타나지는 않는다. 하지만 고대 룰러인 마스 싸인의 영향력은 일반적으로 아주 강하게 나타난다. 스콜피오 라이징에게는 플루토보다 마스와 마스 싸인이 암시하는 에너지가 어김없이 나타나는 것이다.

어센던트와 어센던트의 룰러는 항상 동시에 고려해야만 한다. 예를 들어서 두 사람의 라이징 싸인이 똑같은 제머나이인데 한 사람은 룰러인 머큐리가 파이씨즈에 있고 또 다른 한 사람은 토러스에 있다면 그 나타나는 모습이 차이가 난다. 전자는 상상력이 풍부하고 민감하고 때로는 멍하니 있는 모습으로 제머나이 모습을 연출할 것이고, 후자는 좀 더 느리고 현실적으로 제머나이의 모습을 드러내 보여 혼란스러울 것이다. 나는 전자의 경우를 파이씨즈의 부수 음조Subtone가 가미된 제머나이 라이징이라고 부르고, 후자를 토러스의 부수 음조가 가미된 제머나이 라이징이라고 부른다. 하나 더 예를 들자면 라이징 싸인이 캔서인데 룰러인 문이 리브라에 있는 사람은 문이 에리즈에 있는 캔서 라이징보다 좀 더 무심하고 외교적이다. 반면에 문이 에리즈에 있는 캔서 라이징은 문이 리브라에 있는 캔서 라이징보다 상대적으로 상당히 충동적이고 외교적 수완이 떨어지는 모습을 보인다. 이 경우에도 나는 전자를 리브라의 부수 음조가 가미된 캔서 라이징, 후자를 에리즈의 부수 음조가 가미된 캔서 라이징이라고 부른다.

어센던트의 어스펙트

(주의: 어센던트의 어스펙트는 출생 시간이 정확해야만 신뢰할 수 있다.)

어센던트의 분위기는 룰러의 위치뿐만 아니라, 어떤 행성이 30도의 배수로 어센던트와 '어스펙트'를 맺었다면 그에 따라서도 변화가 일어난다.(필자는 30도의 배수 곧 30, 60, 90, 120, 150, 180도를 메이저 어스펙트로 본다. 어스펙트에 대한 자세한 내용은 8장 참조) 어센던트와 어스펙트를 맺은 행성은 주인공이 자기를 세상에 투사하는 개성의 이미지에 전반적으로 상당히 큰 영향력을 미친다. 그 행성이 무엇이든지 간에 주인공의 에너지 장과 인생을 대하는 태도에 상당히 강하게 물들인다.

1. 어센던트와 6도 이내로 컨정션된 행성은 가장 강력한 영향을 주며, 주인공의 개성에서 그 특징이 눈에 띠게 나타난다.

2. 디센던트(어센던트와 180도로 마주 보고 있는 반대 지점)와 6도 이내로 컨정션된 행성은 두 번째로 강력한 영향력이 있다. 어센던트는 주인공이 가장 직접적으로 투사하는 이미지를 보여 주는 반면에, 디센던트와 디센던트에 가까이 붙어 있는 행성은 대인관계에서 취하는 태도에 영향을 준다. 이 모습은 평소에 나타나는 어센던트가 보여 주는 이미지와 반대일 수도 있는데, 주인공은 때때로 이 두 분위기가 번갈아 존재하기도 하여 이런 분리감 때문에 내면의 갈등을 겪을 수 있다. 아니면 갈등을 느끼지는 않은 채 대인관계 영역에서 그 행성의 영향력을 강하게 드러낼 것이다.

3. 어센던트와 스퀘어(90도)로 맺어진 행성은 심한 좌절감이나 욕구불만 또는 극복해야 할 어려움을 경험하게 한다. 이 행성은 (특히 4번째 하우스에 있을 경우) 어릴 때부터 억압이나 억제를 경험하게 하거나, (10번째 하우스에 있을 경우) 사회적으로 성공해서 인정받고 싶다는 압박을 가하는 요소로 작용한다. 다른 모든 챌린징challenging 어스펙트와 마찬가지로 스퀘어 역시 성장을 하기 위해서 주인공이 분투해야 할 영역이 어디인지를 보여 준다.

4. 어센던트와 정확한 어스펙트를 맺고 있는 행성은 어린 시절부터

주인공의 의식에 그 행성의 속성을 첨가시킨다. 그런 행성의 영향력이 자신에게 작용하고 있다는 것을 '알아차리고' 그것을 자신의 인격 속에 통합시키는 노력이 필요한 것은 사실이지만, 어쨌거나 어센던트와 정확한 어스펙트를 맺고 있는 행성의 영향력은 주인공 안에 자동적으로 내장된 것이며 주인공이 임의로 쓸 수 있는 에너지다. 달리 말하자면 주인공은 나이가 들어가면서 그 행성의 속성을 의식적으로 발전시킬 수 있다는 뜻이다. 그리고 일단 그 행성의 에너지를 끌어내는 방법을 배우기만 한다면 중요한 에너지원이 될 것이다.

5. 썬과 문이 어센던트와 어떤 어스펙트도 맺고 있지 않더라도, 그리고 출생 시간이 약간 불확실해도 이 지배적인 세 요소(썬, 문, 어센던트)가 자리 잡고 있는 싸인의 원소가 주인공의 개성에 어떻게 혼합되어 있는가를 이해하는 것은 대단히 중요하다. 이 셋을 함께 고려할 때 인생의 가장 중요한 세 가지 에너지의 흐름이 어떻게 혼합되어서 함께 작용하는지, 어센던트의 원소 에너지가 썬과 문의 에너지 표현을 촉진시키는지 억제시키는지를 알 수 있다.

어센던트 해석 가이드라인

어센던트가 모든 사람에게 상당히 중요한 역할을 하는 것은 분명하지만, 그럼에도 불구하고 어센던트 단독으로 의미를 갖는 것은 아니다. 어떤 사람을 전체적으로 이해하기 위해서는 어센던트와 차트의 다른 요소들 특히 썬 싸인과의 관계를 고려해야만 한다. 썬은 의식의 중심이자 핵심 정체성으로서 대부분의 경험을 소화하고 흡수하는 통로다. 반면에 어센던트는 사람마다 그 중요한 차이를 보이지만, 본성의 중심 요소는 아니다. 무엇보다 어센던트는 인생을 대하는 외적인 태도를 보여 주고, 썬은 주인공의 인생 그 자체를 보여 준다. 따라서 어센던트는 주인공이 행복하고 완전하게 기능할 수 있도록 썬이 지시하는 목적, 가치, 창조적인 목표 등을 돕는 역할을 하여야만 한다.

어센던트는 썬 에너지의 표현을 조정한다. 썬과 어센던트의 다양한 결합이 어떤 효과를 나타낼지에 대해서 만으로도 책 한 권은 쓸 수 있을 것이다. 하지만 간단한 예를 들 수는 있다. 예컨대 썬 싸인이 무엇이든지 라이징 싸인이 제머나이라면 같은 썬 싸인이지만 라이징 싸인이 다른 사람보다 사회적으로 더욱 활동적이고 지적인 호기심으로 삶을 대하도록 할 것이다. 라이징 싸인 제머나이는 썬 싸인 토러스의 느린 속도를 올리고, 썬 싸인 스콜피오를 더 사교적이고 덜 비밀스럽게 하며, 또 썬 싸인 캐프리컨을 덜 방어적이며 활발한 의사소통을 하게끔 도울 것이다. 그리고 썬 싸인 캔서를 덜 내성적으로 보이게 할 것이다. 그러나 사람들이 관찰할 수 있는 제머나이 라이징이 보여 주는 개성이나 외부로 표현하는 모습이 아무리 비슷하더라도 그 사람의 주된 본성은 썬 싸인이 규정한다.

어센던트와 썬 싸인이 어떻게 상호 작용을 하는지 이해하는 또 다른 유용한 방식은 둘의 원소를 비교해 보는 것이다. 예를 들어 썬 싸인이 캔서인데 라이징 싸인의 원소가 불이라면 라이징 싸인의 원소가 흙인 캔서보다 더 외향적이고, 자기를 자신감 있고 활달하게 표현할 것이다. 반면에 라이징 싸인의 원소가 흙인 캔서는 라이징 싸인의 원소가 불인 캔서보다 좀 더 보수적이고 자기를 보호하려는 모습을 보다 강하게 연출할 것이다. 또 다른 예를 들자면 썬 싸인의 원소가 공기인데 라이징 싸인의 원소가 물이라면 본래의 자기 자신보다 좀 더 정서적인 사람으로 보일 것이다. 반면에 썬 싸인의 원소가 물인데 라이징 싸인의 원소가 공기라면 본래의 자기 자신 보다 어느 정도 더 무심하고 덜 정서적인 모습으로 나타날 것이다.

썬이 들어가 있는 싸인은 그 싸인의 에너지가 한층 활기를 띠고 살아난다. 썬에 다른 행성들이 어떤 어스펙트를 맺고 있느냐에 따라서 썬 에너지의 표현이 어느 정도 조정되는 것은 사실이지만, 그럼에도 불구하고 라이징 싸인의 에너지와는 달리 썬 싸인 에너지는 그 전체를 변경하는 것이 불가능하다. 라이징 싸인에는 행성이 하나도 들어가 있지 않은 경우도 많고 또는 한두 개가 들어가 있더라도 썬이 들어가 있는 싸인의 에너지와는 결코 비교할 수 없다.(물론 썬 싸인과 라이징 싸인이 같다면 얘기가 달라진다!) 대개의 경우 어센던트의 속성은 썬 싸인 에너지보다 쉽게 조정된다. 어센던트와 정확한 어스펙트를 맺고 있는 행성은 어센던트 에너지의 표현에 상당히 강한 영향을 미친다. 그리고 라이징 싸인의 룰러가 어떤 싸인에 자리 잡고 있으며 그 룰러가 다른 행성과 어떤 어스펙트를 맺고 있는가에 따라서도 라이징 싸인 에너지의 표현이 상당히 조정된다.

어센던트 에너지에 변화를 주는 이런 다양한 요소는 다음과 같은 많은 것들을 설명해 준다. 왜 어떤 사람에게는 라이징 싸인의 특징이 전혀 나타나지 않는가? 처음 배우기 시작한 사람들이 어센던트의 개념 파악과 해석을 하는 데 어려움을 겪는 이유가 무엇인가? 어째서 어떤 사람들에게는 썬 싸인과 라이징 싸인의 특징이 분명하게 나타나지 않는가? 왜 어떤 사람들은 다른 사람들에게는 분명하게 적용할 수 있는 천문 해석의 기본적인 '(특징) 분류'에 딱 들어맞지 않는가?

대부분의 사람들은 자신의 썬 싸인에 비해서 어센던트의 특성을 상대적으로 잘 알아차리지 못하고 있다는 점도 꼭 지적하고 넘어갈 필요가 있다. 이런 의미에서 어센던트는 나이를 먹어 가면서 의식적으로 계발해서 자기표현을 돕는 도구로 사용할 수 있는 요소라고 볼 수도 있다. 필자는 자신의 라이징 싸인의 특징을 발견한 다음, 전에는 별로 의식하지 못했던 자신의 성향과 일체감을 갖고 훨씬 더 멋있는 삶을 살게 된 사람들을 알고 있다. 어떤 사람들은 자신의 어센던트에 대한 천문 해석의 중요한 요소를 배우고, 자신의 어센던트가 보여 주는 특징과 능력이 분명해지기 시작하면서 괄목할 만한 개인적인 성장을 이룬 경우도 있다.(여기서 강조해 두어야 할 사항이 있다. 어센던트 에너지 발현은 차트의 다른 어떤 요소보다도 어린 시절의 환경의 영향 곧 격려를 받느냐 아니면 억제를 당하느냐에 크게 영향을 받는다. 왜냐하면 어센던트는 외부 세계와 교류하는 가장 기본적인 첫 번째 통로이기 때문이다.)

어센던트 에너지는 룰러의 위치와 룰러의 어스펙트 그리고 1번째 하우스에 있는 행성에 의해 쉽게 조정된다는 점을 염두에 두고, 열두 어센던트(라이징 싸인)의 일반적인 특징을 개관해 볼 수 있다. 각 어센던트의 기본적인 특성을 더 깊이 알려면 5장에서 다룬 '썬 싸인 해석 가이드라인'을 참조할 필요가 있다. 특히 초보자라면 라이징 싸인을 해석할 때 그 내용을 활용하면 도움이 될 것이다. 썬 싸인 해석 가이드라인을 어센던트를 해석할 때 적용해도 아주 잘 맞는다. 그래서 어센던트에 대한 아래 설명에서는 썬 싸인에서 다룬 내용은 반복하지 않고 될 수 있으면 다른 각도에서 접근하려고 한다.

어센던트에 대한 아래 설명에서 썬과 어센던트가 같은 싸인이지만 대조되는 여러 중요한 상황을 언급할 것이다. 이것은 필자가 지난 20여 년 동안 누누이 확인한 내용이다. 물론 필자의 관찰은 확실히 주관적인 것이다. 따라서 모든 사람에게 그대로 적용할 수 없을지도 모른다. 하지만 필자는 각 어센던트에 대해서 단순히 형용사만 잔뜩 늘어놓는 것보다는 논쟁의 소지가 있을지라도 새로운 생각을 자극하는 것이 훨씬 더 효과적인 배움의 방법이라고 느낀다. 그러므로 독자들은 각 어센던트에 대한 필자의 비교 평가를 절대적인 표준으로 삼기보다는 가이드라인과 탐색해야 할 질문으로 받아들여야 할 것이다.

에리즈 어센던트

돌발적이고, 열망이 있고, 침착하지 못하고, 참을성이 부족하고, 어떤 일에든지 항상 급하게 뛰어든다. 그래서 주변과 마찰을 일으킬 가능성이 아주 크다. 그러나 마스가 파이씨즈나 캔서 또는 흙 싸인에 있다면 이런 격렬한 기운이 어느 정도 완화될 수 있다. 저돌적이고 다른 사람의 상황을 고려하지 않는 에리즈 썬의 예의 없는 솔직함은 에리즈 어센던트의 경우 그 정도가 완화되는 경향이 있다. 그럼에도 불구하고 에리즈의 모험 정신은 여전히 존재하고 있으며, 때에 따라서는 에리즈 썬보다 훨씬 더 과격하게 나타나기도 한다.

토러스 어센던트

질서 있고, 조심스럽고, 신중하며, 한 가지 태도를 고집스럽게 유지하는 모습을 보이는 경우가 많다. 서두르는 것을 대단히 싫어하고, 심미적인 취향이 강하고, 자연을 가까이 함으로써 즐거움을 추구하는 경향이 있다. 일을 함에 있어서 게으르거나 아니면 꾸준할 수 있지만 무슨 일이든지 자기 방식대로 자신의 페이스에 따라서 하려고 한다. 룰러인 비너스가 어느 싸인에 있느냐에 따라서 야망과 역동성의 정도가 영향을 받는다. 대개의 경우 토러스 썬이 토러스 어센던트보다 더 느린 것처럼 보인다(아마 썬이 더 본질적인 생명 에너지이기 때문에 그럴 것이다). 그리고 일반적으로 토러스 어센던트보다 토러스 썬이 소유욕이 더 강하다. 그러나 토러스 썬이나 토러스 어센던트는 둘 다 자신들이 하는 일을 느긋하게 즐기고 싶어 한다. 그래서 서두르는 것을 싫어한다. 지금-여기를 즐기는 것을 방해받고 싶지 않은 것이다. 이런 성향 때문에 친밀감과 애정과 안정에 대한 강한 요구가 있으며, 육체적이고 감각적인 즐거움을 극단적으로 추구할 수도 있다.

제머나이 어센던트

모든 라이징 싸인 중에서 가장 호기심이 왕성하고 상냥하다. 그러나 스스로 괜한 걱정 근심에 사로잡히는 경향도 가장 강하다(어떤 경우에는 리브라 라이징이 그렇기도 하지만). 일반적으로 지적인 호기심이 아주 강하고, 생각을 말로 전달하고 싶은 억제하기 어려운 욕구를 가지고 있다. 제머나이 썬의 경우에는 피상적인 모습이 자주 보이지만 제머나이 어센던트의 경우에는 그런 모습이 크게 눈에 띠지 않는 경우가 많다. 그러나 한쪽 마음이 생각하고 말하는 것을 다른 쪽 마음이 모르는 경향은 제머나이 어센던트에서 때로는 극단적이다 싶을 정도로 더 심하게 나타난다. 이런 모습은 이들과 관계를 맺고 있는 사람이나 이들이 말하는 것을 믿었던 사람들을 몹시 화나게 만들 수도 있다. 그러나 이들은 오른손이 하는 것을 왼손이 모를 뿐 의도적으로 거짓말을 하는 것이 아니다.(필자는 매우 믿을 만한 제머나이 라이징을 두 명 알고 있다는 사실을 꼭 밝히고 싶다!)

캔서 어센던트

동정심이 많고 태도가 온화하다. 캔서 어센던트의 민감성과 동정심은 다른 사람을 향하기도 하지만 자기 자신을 향하는 경우도 많다. '지나치게 민감해서' 감정에 상처를 입거나 스스로 자기 연민에 빠지는 일도 자주 있다. 이 점에서 보면 느낌이 깊고 다른 사람의 가슴을 적시는 경향이 있는 캔서 썬보다 캔서 라이징은 피상적으로 감정이입 상태에 빠지는 스타일이라고 볼 수 있다. 캔서 썬은 실제로 상당히 활동적이다. 그래서 사회성이 있고, 외향적인 사람으로 보이는 경우가 많다. 하지만 캔서 어센던트는 캔서 썬보다 훨씬 더 내성적이고 자기만의 세계에 머무는 것을 좋아한다. 캔서 라이징은 일반적으로 상당히 내향적이다. 물론 필자가 만난 사람 중에는 캔서 어센던트이지만 룰러인 문이 리오에 있거나 또는 그와 비슷한 외향성이 강한 싸인에 있는 경우에는 그래도 외향성이 두드러진 경우가 있었다.

리오 어센던트

자기 실력의 최고치를 발휘하기 위해서 엄청나게 애쓰는 모습을 종종 보인다. 썬 싸인 리오의 때로는 오만한 자부심이 전혀 없는 것은 아니지만, 리오 썬처럼 다른 사람 위에 '군림'하려는 욕구는 리오 어센던트가 훨씬 약하다. 리오 썬이 자신의 감정 깊은 곳에 자리 잡고 있는 자의식을 극적으로 표현하려고 애쓰는 반면에, 리오 어센던트는 리오의 룰러인 썬의 에너지를 확실하게 표현하려고 애쓰는 것처럼 보인다. 리오의 특징인 넓은 아량은 리오 썬보다 리오 어센던트에서 더 분명한 특징으로 나타난다. 리오 썬은 자신의 이득을 위해서 비정할 정도로 상대방을 조정하는 모습을 가끔 보이기 때문이다. 그러나 리오 어센던트는 극단적으로 냉담한 태도를 보일 수도 있고, 존경을 받고자 하는 지나친 욕구와 위엄 있는 모습을 보이려는 욕구 때문에 리오 썬이 가지고 있는 생동감 있는 유머나 장난기가 결여된 것처럼 보이기도 한다.

버고 어센던트

버고 썬보다 아주 높은 수준의 자기 확신을 갖고 있는 경우가 많다.

그럼에도 불구하고 아주 이상하게도 최소한 한 가지 분야에서는 버고 썬보다 훨씬 더 겸손한 모습을 보이는 경우가 많다. 곧 무언가 더 배울 것이 있고 자신을 좀 더 개선해야 한다고 항상 느끼고 있다는 것이다. 버고 썬을 좌절감과 우울함에 빠지게 만드는 자기비판 성향도 그렇게 자주는 아니지만 버고 어센던트에서도 간혹 나타난다. 버고 어센던트 는 버고의 특징인 의심에서 '어느 정도 자유로운 것처럼' 보인다. 버고 썬이 흔히 보이는 보수적이고 틀에 박힌 속성이 버고 라이징에서는 그 렇게 심각하게 나타나지는 않는다. 겉으로는 무심하고 내성적으로 보 이지만, 그런 겉모습 속에는 상당히 거친 성격이 감추어져 있을 수도 있 다. 버고 썬이나 버고 어센던트는 모두 세부적인 것을 분석하는 능력이 전문가 수준이지만, 일반적으로 버고 썬이 더 우월하다.

리브라 어센던트

나르시스적인 자기중심주의에 빠지는 경향이 리브라 썬보다 어느 정 도는 더 강하다. 그럼에도 불구하고 리브라 어센던트는 리브라 썬보다 더 친절하고 부드러운 경우가 많다. 리브라 썬은 인생이 달콤하고 밝은 것만은 아니라는 것을 알고 어느 정도 거리를 두고 대인관계에 임하는 경우가 많지만, 리브라 어센던트는 대개 친절하고 부드럽게 대인관계를 맺는다. 리브라 라이징은 차트의 다른 모든 요소들이 표현될 때 리브라 의 음조를 띠게 만든다. 친밀한 관계는 리브라 썬에게 아주 중요한 테마 다. 그런데 친밀한 관계를 맺을 '다른 사람'에 대한 요구는 리브라 어센 던트가 리브라 썬보다 훨씬 강한 경우가 많다. 리브라 어센던트의 삶은 전체가 기본적으로 다른 사람과의 관계(또는 관계의 결여)에 초점이 맞아 있는 것처럼 보인다. 리브라 어센던트는 파트너가 없으면 삶의 방향 감 각을 상실하고 육체적인 에너지도 다운되고 살 의욕을 잃는 경우가 많다. 리브라 어센던트의 관계에 대한 욕구를 충분히 이해하기 위해서는 룰러인 비너스의 상황을 고려해야 한다. 리브라 썬은 상황을 실제보다 심각하게 느끼는 경우가 많지만, 리브라 어센던트는 적어도 이 점에서는 리브라 썬보다 가벼워 '보인다'. 그리고 리브라 어센던트는 가끔 삶에 대해서 냉소적인 태도를 취하는 리브라 썬보다는 삶에 대한 낭만적인 관점을 오래 유지하는 것처럼 보인다.

스콜피오 어센던트

스콜피오 라이징은 언제나 강렬함의 대명사로 잘 알려져 있고, 치료와 관련된 분야에 관련을 맺고 있는 경우가 많다. 이들은 (예를 들면 심리 치료 등을 통해서) 다른 사람의 동기를 탐색하는 데 관심이 많고 알려지지 않은 비밀 세계를 탐색하는 것을 좋아한다. 일반적으로 스콜피오가 용기가 있다고 하지만 그들의 (용기 있는 것처럼 보이는) 행동의 동기에 얼마나 큰 두려움이 자리 잡고 있는지는 간과하는 경우가 많다. 스콜피오는 최선의 공격책으로 철저한 방어를 택한다. 그런데 스콜피오 어센던트는 스콜피오 썬보다 훨씬 더 지속적으로 방어적인 태도를 취하는 경향이 있다. 스콜피오는 정서적으로 극단적인 싸인이다. 이런 이유 때문일까, 충분히 긍정적인 표현에 대해서도 강하게 부정적으로 대응하는 모습을 스콜피오 어센던트에게서 자주 발견할 수 있다. 그래서 나이를 먹어가면서 스콜피오 라이징이 부정적인 평판을 얻는 경우가 많은데, 그런 것이 전혀 부당하다고만은 보기 어렵다. 앙심, 무자비함, 질투에 있어서 스콜피오 라이징의 상대가 될 만한 싸인이 없다. 복수심이 이들의 행동 동기가 되는 경우가 자주 있고, 때때로 자기를 지키기 위해서 편집증적으로 행동하기도 한다. 이로 인해 돈이나 감정 상태 등 자기가 갖고 있는 그 무엇을 놓아 버리는 것을 몹시 힘들어 한다. 놓아 버림으로써 통제권을 잃는 것을 대단히 두려워하는 것이다. 스콜피오 어센던트는 자신의 동기는 드러내지 않고, 다른 사람의 깊은 감정이나 동기를 알아차리는 능력을 갖고 있는 경우가 많다. 이들은 상당한 힘과 능력을 내장하고 있는 경우가 많으며, 힘든 일에 인생을 걸고 강렬하게 헌신하는 일도 종종 있다. 위에 언급한 스콜피오 어센던트의 부정적인 성향은, 자기가 친구나 동료로 '받아들인' 사람에게 끝까지 신의를 지키는 성향을 갖고 있는 스콜피오 썬의 경우 상당히 완화된 모습을 띤다. 또한 스스로를 손상시키는 성향도 스콜피오 어센던트보다 스콜피오 썬이 훨씬 덜하다. 어센던트의 룰러를 고려할 때, 고대 룰러인 마스 싸인이 현대 룰러인 플루토 싸인보다 훨씬 더 중요하다. 마스 에너지를 긍정적으로 사용한다면 자기 파괴적인 스콜피오 에너지를 변형시키는 좋은 통로가 될 수 있을 것이다.

쌔저테리어스 어센던트

쌔저테리어스 썬의 낙천성, 쾌활함, 열정, 그리고 넓은 마음은 항상은 아닐지라도 매우 자주 쌔저테리어스 어센던트에서도 그대로 나타난다. 실제로 필자가 알고 있는 쌔저테리어스 어센던트는 모두 실망과 장애가 계속 찾아와도 그 특유의 '낙천성'을 잃은 모습을 거의 보이지 않았다. 물론 쌔저테리어스 썬과 마찬가지로 쌔저테리어스 어센던트도 자신의 믿음을 보편적인 진리인 양 다른 사람에게 설교하는 성향을 보인다. 그럼에도 불구하고 쌔저테리어스 썬처럼 자신의 믿음을 '절대 진리'인 것처럼 강요하듯 강조하기보다는 상대방의 믿음을 고려하면서 관용과 감동을 자아내는 분위기로 자신의 믿음을 전하는 경향이 있다. 다시 말해서 자기가 옳다는 것을 주장하는 강도가 쌔저테리어스 썬보다 한결 약하다는 말이다. 또한 쌔저테리어스 어센던트는 쌔저테리어스 썬이 자주 보여 주는 뚜렷한 목적도 없이 이러쿵저러쿵 투덜거리는 모습을 거의 보이지 않는다. 쌔저테리어스 썬은 생각과 이론에만 머물며 실제로 행동이 따르지 않는 경우가 많지만 쌔저테리어스 어센던트는 쌔저테리어스 썬보다는 분명하게 이상을 설정하고 그에 따라 확실한 행동을 취하는 것처럼 보인다.

캐프리컨 어센던트

캐프리컨 라이징은 캐프리컨 썬보다 훨씬 자주 극단적으로 부정적이고 회의론적인 모습을 보인다. 그러나 캐프리컨 썬이나 캐프리컨 라이징이 보이는 냉소주의와 새로운 것을 가치 없다고 여기는 태도는 자기 내면에 있는 호기심과 상처받기 쉬운 여림과 심지어는 영적으로 오픈되어 있는 속성을 보호하기 위한 덮개인 경우가 많다는 사실을 이해할 필요가 있다. 캐프리컨은 단순히 증명되지 않은 이상이나 사상에 시간을 낭비하는 것을 싫어하는 것이지, 현실적이고 논리적으로 입증만 된다면 심지어는 비정통적인 것일지라도 전혀 의심하지 않고 충분히 관심을 기울인다. 캐프리컨 썬과 캐프리컨 어센던트는 둘 다 외적인 형태와 밖으로 드러나는 모습과 사회의 평판에 상당히 큰 관심을 기울인다. 그런데 캐프리컨 어센던트가 대중의 의견에 훨씬 더 큰 두려움을 갖고 있는 것처럼 보인다. 그래서 자기가 정상적이고 보수적이며 '위험한 사람이 아니라는 것'을 보이기 위해서 상당히 애쓰는 경우가 많다. 캐프리컨 썬은 사회적인 성공과 성취 그리고 권위를 향해서 단호하고 강력하게 추진하는 경향이 있다. 그러나 캐프리컨 어센던트에게는 이런 성향이 상당히 약화된 모습으로 나타난다. 스스로 안전하다고 생각하는 상태에 만족하는 모습을 보이는 경우가 많다. 캐프리컨 썬이나 캐프리컨 어센던트는 둘 다 상당히 인간미가 부족하기 때문에 인간관계를 맺고 유지하기가 쉽지 않을 수 있다. 캐프리컨 썬은 일대일 관계에서조차 자주 어려움을 겪는다. 이 점에서는 캐프리컨 어센던트가 좀 더 낫다고 볼 수 있다.

어퀘리어스 어센던트

인습에 얽매이지 않고 저항하는 성향은 어퀘리어스 썬과 어퀘리어스 어센던트의 공통적인 성격이지만, 어퀘리어스 썬에서 훨씬 더 두드러지게 나타난다. 이들이 드러내 놓고 그런 모습을 자주 연출하는 것은 아니지만, 어쨌든 평생 새로운 것, 상상력을 자극하는 것, 혁명적인 것 등에 광적으로 열광한다. 어퀘리어스 라이징이 약간 이상하게(어퀘리어스의 특징을 갖고 있으면서 그렇지 않은 듯이) 보이는 경우가 간혹 있다. 그 이유는 전통적인 것에 자주 저항감을 느끼지만 어퀘리어스 썬보다는 전통에 훨씬 더 잘 조율되어 있기 때문이다. 어퀘리어스 썬과 어퀘리어스 어센던트는 둘 다 주변에 있는 상대적으로 느린 친구들이 보기에는 놀랄 정도로 무엇을 빨리 알아차리고 빨리 이해하며, 생각의 속도와 배움의 속도가 빠르다. 그리고 둘 다 냉정하고 초연하기 때문에 정서적으로 민감한 사람들은 충격을 받고 실망하게 되는 경우가 많다. 그런데 어퀘리어스 썬이 어퀘리어스 어센던트보다 더 냉정한 것처럼 보인다. 어퀘리어스의 고대 룰러는 쌔턴인데, 대개의 경우 어퀘리어스 어센던트에게 미치는 쌔턴의 영향력은 현대 룰러인 유레너스의 영향력보다 훨씬 강하다. 물론 쌔턴의 싸인과 하우스 위치가 중요한 것은 말할 필요도 없다.

파이씨즈 어센던트

썬 에너지는 파이씨즈에서 약해진다. 따라서 썬 싸인이 파이씨즈인 사람은 차트의 다른 요소들의 영향을 강하게 받는다. 이런 현상은 파이씨즈 라이징보다 파이씨즈 썬인 사람에게 더 분명하게 나타난다. 파이씨즈 어센던트는 민감하고, 동정심이 많고, 정서적이며, 상상력이 풍부하고, 누군가를 돕고자 하는 모습을 거의 공통적으로 보인다. 파이씨즈 어센던트에서는 이런 모습이 강한 특징으로 나타나는 경우가 많다. 파이씨즈 썬에는 이런 모습이 잘 나타나지 않으며, 오히려 파이씨즈 썬은 그런 모습보다는 수동적이고, 애매하고, 도피적이고, 무책임한 모습을 자주 드러낸다. 파이씨즈 어센던트에게 쾌활하고 낙천적인 성격을 주는 것은 아마도 고대 룰러인 주피터일 것이다. 파이씨즈 어센던트에게는 현대 룰러인 넵튠보다 고대 룰러인 주피터의 영향력이 훨씬 더 분명하게 나타나는 경우가 많다. 그래서 어센던트가 파이씨즈인 사람의 성격을 이해하기 위해서는 주피터의 싸인과 하우스를 꼭 살펴봐야 한다. 파이씨즈 어센던트는 어려움을 겪고 있는 사람들의 심정을 헤아리고 그들을 도우려는 본성을 갖고 있으며, 자기 자신이 불행한 상황에 처했을 때에도 달관한 듯 놀라울 정도로 평온하게 그 상황에 대처해 나가기도 한다. 반대편 싸인인 버고 어센던트처럼, 파이씨즈 어센던트 역시 자기가 다른 사람을 돕거나 공헌하는 것을 다른 사람이 인정해 주기를 바라는 욕구를 그다지 가지고 있지 않다.

미드헤븐

나이를 먹어 가면서 성숙해진다는 것은 젊은 시절에 품었던 꿈과 목표를 향해서 점점 더 구체적으로 다가간다는 것을 의미하는 경우가 종종 있는데, 미드헤븐Midheaven의 싸인과 그 싸인의 룰러의 위치와 10번째 하우스에 있는 행성들이 이런 과정을 상징적으로 보여 준다. 미드헤븐의 싸인은 그 특징이 외적으로 분명히 나타나지 않는 경우에도 출생 차트에서 상당히 중요하다. 왜냐하면 주인공의 직업과 이 세상에서의 위치가 어떻게 전개되고 발전될 것인가를 보여 주기 때문이다. 거의 모든 책들에서 미드헤븐(또는 약자로 MC)을 주인공의 '직업이나 경력' 또는 '이 세상에서의 위치'를 보여 주는 지표라고 설명하고 있는데, 사실이 그렇다. 물론 직업이나 경력과 관련된 다른 요소들도 있다. 일반적으로 퍼스널 플래닛이 하나 이상 미드헤븐 싸인과 같은 싸인에 자리 잡고 있지 않는 한, 미드헤븐 싸인의 특징이 젊은 시절에는 잘 나타나지 않는다. 미드헤븐은 나이를 먹어감에 따라 자연스럽게 성숙되어 표출되는 에너지 속성이 무엇인지를 상징적으로 보여 준다. 그러나 자연스럽게 성숙되어 표출된다고는 하지만 그것을 발휘하기 위해서는 노력이 필요한 것도 사실이다. 미드헤븐은 주인공의 성취, 권위, 사회에 기여할 수 있는 가능성, 그리고 직업 또는 '소명'이 무엇인지를 보여 준다. 인생에서의 성취는 MC의 싸인이 제시하는 에너지를 얼마나 잘 표현하느냐에 달려 있다고 볼 수 있다.

미드헤븐의 룰러

미드헤븐의 룰러가 자리 잡고 있는 싸인과 하우스 위치는 대단히 중요하다. 룰러의 싸인 특징은 주인공의 직업이나 경력의 성격이 어떠할 것인지를 보여 주고, 하우스 위치는 주인공이 어떤 분야에 초점을 맞추고 직업이나 경력을 발전시켜 나가야 할지를 보여 주는 경우가 많기 때문이다. 미드헤븐의 룰러가 자리 잡고 있는 하우스는 주인공이 마음 속 깊은 곳에서 인생의 진짜 소명이 어느 영역에 있다고 느끼는지를 보여 준다. 만약 미드헤븐이 고대 룰러와 현대 룰러를 함께 갖고 있다면 두 룰러의 하우스 위치가 모두 중요하다. 그러나 싸인의 경우에는 일반적으로 고대 룰러의 싸인이 더 중요하다.

미드헤븐의 어스펙트와 10번째 하우스에 있는 행성

9번째 하우스에 있든지 10번째 하우스에 있든지, MC와 컨정션된 행성은 주인공이 존중하는 사회적 활동 방식과 특징을 보여 준다. 그 존중심 때문에 자기도 그렇게 하면 다른 사람의 존중을 받으리라는 생각에서 그런 에너지를 사회생활에서 공개적으로 표현하는 경우가 많다.

컨정션 이외의 어스펙트는 어스펙트의 종류와 상관없이 비슷한 효과를 발휘한다. 즉 어떤 어스펙트를 맺고 있느냐보다는 그 행성이 어떤 특성을 갖고 있는지, 그리고 오차 없이 얼마나 정확한 어스펙트를 맺었는지가 훨씬 더 중요하다. 전통적으로 MC와 어스펙트를 맺은 행성은 공적인 자기표현, 직업적인 목표, 경력 등과 관련이 있다. 어떤 행성이든지 작은 오차 범위 안에서 MC와 어스펙트를 맺었다면 그 행성은 주인공이 이 세상에서 목표로 하는 위치에 도달하기 위해서, 그리고 사회에 공헌하기 위한 도구로써 꼭 필요한 에너지와 방향성을 보여 준다.

예를 들어서 비너스가 MC와 오차가 거의 없는 어스펙트를 맺었다면 무언가 예술적이거나 또는 아름다움과 관련된 것으로 사회에 공헌하는 것이 적절하다고 할 수 있으며, 공적으로 자기를 표현함에 있어서도 일대일 교류가 상당히 중요한 역할을 할 것이다. 그리고 그런 사람은 즐겁고 협력적인 분위기를 만들어 냄으로써 사회에 기여하는 것에 관심을 가질 것이다.

다른 예를 들자면, 내가 아는 출판사를 경영하는 세 사람은 모두 주피터가 MC와 거의 정확한 어스펙트를 맺고 있다. 한 사람은 컨정션을 이루고 있고 다른 두 사람은 섹스타일(60도)을 맺고 있다. 주피터는 전통적으로 출판을 관장하는 행성으로 알려져 있다.

7장
하우스 해석 가이드라인

하우스는 싸인 에너지와 행성 에너지가 활동하는 '경험의 장'을 상징한다. 전통적으로는 하우스를 단순히 외적인 경험과 환경적인 상황을 상징하는 것으로 본다. 그러나 실제로는 하우스가 주인공의 내면 상태와 주관적인 체험이나 태도와 관련되어 있다. 해석자는 차트에서 행성들의 하우스 배치를 보고 그 사람의 인생이 어떤 영역에서 어떤 수준으로 강조될 것인지를 말해 줄 수 있다. 다음에 나올 키워드 체계는 주로 하우스에 내포되어 있는 내적인 심리학적 의미를 이해하는 데 초점을 맞춘 것이다. 이는 '경험의 장'으로 알려져 있는 '하우스'에 대한 근본적인 의미를 파악하기 위함이다. 근본적인 의미에 대한 이해가 되었다면 거기서 파생되는 다양한 활동 영역 곧 전통적인 해석에서 말하는 각 하우스와 관련된 다양한 활동 영역으로 해석을 확장해 나갈 수 있을 것이다.

하우스 해석을 위한 전체론적인 접근

출생 차트에서 행성들을 포함하고 있는 하우스의 유형을 살펴보는 것이 차트를 전체적으로 이해하는 데 도움이 된다. 하우스 유형을 결정하는 익숙한 방식 가운데 하나는 열두 하우스를 앵귤러angular, 석시던트succedent, 케이던트cadent로 나누는 것이다.

앵귤러 하우스(1, 4, 7, 10)

자기 주도적 활동과 관련되어 있으며, 주인공의 삶의 체계에 직접적으로 영향을 미친다. 키워드는 '행동action'이다.

석시던트 하우스(2, 5, 8, 11)

주인공의 욕망, 통제하고 공고하게 만들고 싶은 인생 영역과 관련되어 있다. 키워드는 '안심security'이다.

케이던트 하우스(3, 6, 9, 12)

생각과 의견을 받아들이고, 교환하고, 전파하는 것과 관련되어 있다. 키워드는 '배움learning'이다.

앵귤러에서 석시던트를 거쳐 케이던트에 이른 다음 다시 앵귤러, 석시던트, 케이던트로 진행하는 하우스 순서는 인생 경험의 흐름을 상징적으로 보여 준다. 우리는 무언가를 실행하고, 안심하기 위해서 실행의 결과를 견고하게 만들고, 우리가 한 것으로부터 무언가를 배우고 다음에 해야 할 것이 무엇인지를 알아차린다. 그리고 다시 행동하기 시작한다. 따라서 행성들이 어느 한 유형의 하우스에 집중적으로 배치되어 있다면 그 유형이 무엇이냐에 따라 실행이나 안심이나 배움과 관련된 도전을 해결하는 데 많은 에너지를 쏟아붓게 된다.

이 외에도 하우스는 각 하우스에 상응하는 싸인의 원소에 따라서 분류할 수 있다.(예를 들면 1번째 하우스에 상응하는 싸인은 원소가 불인 에리즈이기 때문에 1번째 하우스는 불 원소 하우스이고, 2번째 하우스는 원소가 흙인 토러스와 상응하기 때문에 흙 원소 하우스가 된다.) 이렇게 하면 화·토·공·수 각 원소마다 3개의 하우스가 배치되는데, 같은 원소로 이루어진 각 3개의 하우스를 옛날에는 삼위체Trinity라고 불렀다.

불 원소 하우스(생명life의 삼위체 – 1, 5, 9)

주인공이 삶을 대하는 태도와 살아 있음을 경험하는 것과 관련되어 있다. 세상을 향해서 에너지를 쏟아붓는 양상과 그렇게 하도록 동기를 부여하는 '동경'과 '영감'의 상태를 보여 준다. 여러 행성이 자리 잡고 있어서 이들 하우스가 강조되어 있는 사람은 열정과 이상과 미래에 대한 꿈을 추구하면서 산다. 이들은 신념과 자신감을 갖고(이런 것들이 많이 부족해도) 세상에 영향을 미치는 삶을 살기 위해서 진취적으로 행동하는 경향이 있다. 그래서 이들은 자신의 꿈과 이상을 세상에 투사하면서 그런 것들이 현실로 나타나는 것을 볼 때 진정으로 사는 맛을 느낀다. 이들 하우스에 들어 있는 행성은 '삶 그 자체를 대하는 태도' 곧 주인공의 믿음과 자신감에 영향을 미친다. 키워드는 '자아 정체성Identity'이다. 일반적으로 자아 정체성 곧 자기 자신에 대한 느낌이 삶을 대하는 태도를 결정하기 때문이다.

흙 원소 하우스(부wealth의 삼위체 – 2, 6, 10)

현실 세계에서 물질적인 삶을 영위하기 위한 기본적인 '욕구'를 충족하려는 경험 차원과 관련되어 있다. 이들 하우스에 들어가 있는 행성은 물질세계를 다루는 데 가장 쉽게 쓸 수 있고, 자원을 관리하는 전문적인 기술로 개발할 수 있는 에너지가 무엇인지를 보여 준다. 이들 하우스에 많은 행성이 자리 잡고 있어서 이들 하우스가 강조되어 있는 사람은 물질세계에서 원기 왕성하게 활동하며, 무언가를 세우고 성취하고 획득하는 일에 많은 힘을 쏟는다. 그리고 현실 세계에서의 지위와 안전을 확보하기 위한 분명한 목표를 갖고 있다. 또한 자기가 가장 생산적으로 활동할 수 있고 현실적인 필요를 가장 쉽게 충족시킬 수 있는 환경에 정착하여 안전하게 머물기를 원하는 경향이 있다. 그래서 일을 하면서 자기가 쓸모 있는 존재라는 느낌을 가질 때, 그리고 현실적으로 무언가를 성취할 때 사는 맛을 느낀다. 또한 이들은 외적인 세계에서 자기 역할 또는 자기 소명을 다하고 싶어 한다. 이들 하우스에 들어 있는 행성은 주인공의 직업이나 경력과 관련된 야망, 그리고 현실에서 효과적인 결과를 산출해 낼 수 있는 능력에 영향을 미친다. 키워드는 '물질Material'이다. 흙 원소 하우스는 주로 물질세계와 관련된 것을 경험하는 영역이기 때문이다.

공기 원소 하우스(관계relationship의 삼위체 - 3, 7, 11)

주인공이 경험하는 모든 사회적인 관계뿐만 아니라 주인공의 '생각(또는 개념)'과도 관련되어 있다. 여러 행성이 자리 잡고 있어서 이들 하우스가 강조되어 있는 사람은 주로 생각과 관계 속에서 산다. 그래서 생각(개념)을 정리하고 그것을 다른 사람들과 나누는 일에 많은 에너지를 쏟는다. 이들은 다른 사람들과 서로 마음이 통한다는 느낌이 있을 때, 어떤 특별한 주제나 이론에 대해서 그 실상과 중요성을 파악하고 자기가 파악한 것을 표현할 수 있을 때 사는 맛을 느낀다. 이들 하우스에 들어 있는 행성은 주인공의 관심, 유대감, 언어 표현, 그리고 사회생활에 영향을 미친다. 키워드는 '사회성Social'과 '지성Intellectual'이다.

물 원소 하우스(심령psychic의 삼위체 - 4, 8, 12)

과거에 형성된 원인으로 인해서 이번 생에서는 감정이나 정서를 통해서 본능적으로 작동하는 조건화된 반응과 관련되어 있다. 이들 하우스에 들어가 있는 행성은 주인공의 잠재의식에서 어떤 일이 일어나고 있는지를 보여 준다. 과거에 경험한 것들의 본질을 소화 흡수하고 또한 필요치 않은 기억과 과거의 어떤 경험이 원인이 되어 습관적으로 두려워하는 것들을 놓아 버리는 과정을 통해서, 곧 과거의 경험을 현재 의식 속으로 끌어올려서 해결하는 과정의 성격이 어떠할지를 보여 준다. 이들 하우스에 많은 행성이 자리 잡고 있어서 이들 하우스가 강조되어 있는 사람은 감정(또는 정서)과 영혼의 깊은 '갈망' 속에서 사는 경향이 강하다. 그런 사람에게는 정서적인 욕구와 혼의 갈망이 행동의 원인이 되는 경우가 많으며, 그런 욕구와 갈망을 해결하는 데 많은 에너지를 쓴다. 이들 하우스에 들어 있는 행성은 주인공의 정서적인 성향에 영향을 준다. 그 행성들은 주인공이 정서적 욕구를 어떤 방식으로 충족시키려고 하는가, 강박적으로 그리고 습관적으로 경험하는 감정에 어떻게 대처하는가, 내면세계에 몰입하는 정도가 어느 정도인가 등을 보여 준다. 키워드는 '감정Emotional'과 '혼Soul'이다.

위에서 언급한 키워드를 요약하면 다음과 같다.

표현 양태
앵귤러 하우스: 행동 – 1, 4, 7, 10
석시던트 하우스: 안심 – 2, 5, 8, 11
케이던트 하우스: 배움 – 3, 6, 9, 12

경험하는 차원
불 원소 하우스: 자아 정체성 – 1, 5, 9
흙 원소 하우스: 물질 – 2, 6, 10
공기 원소 하우스: 사회성과 지성 – 3, 7, 11
물 원소 하우스: 감정과 혼 – 4, 8, 12

불 원소 하우스: 1th, 5th, 9th

1번째 하우스

이 하우스는 '행동'(앵귤러)을 통해서 '자아 정체성'(불 원소)을 확립하는 영역이다. 전통적으로 이 하우스는 육체적인 몸의 에너지와 용모와 관련이 있다고 본다. 몸이란 주인공이 자아 정체성을 표현하기 위해서 행동할 때 쓰는 도구라고 할 수 있다. 사람들은 몸을 보고 서로 알아본다. 그리고 어떤 사람의 특징적인 성격은 그 사람의 몸의 움직임과 태도를 통해서 나타난다. '행동'과 '자아 정체성'이라는 키워드는 이 하우스가 독창성, 진취성, 리더십, 자기표현 등과 관련되어 있다는 것을 알려 준다.

5번째 하우스

이 하우스는 '자아 정체성'(불 원소)의 '안정'(석시던트)을 추구하는 행위와 관련된 영역이다. 이 하우스가 강조되어 있는 사람은 자신이 투사된 어떤 외적인 상황이나 사람과 동일시함으로써 자기에 대한 안전한 감각을 얻으려 한다. 이를테면 자기가 이루어 낸 어떤 결과나 자기가 사랑하는 물건이나 사람과 동일시함으로써 자기에게 문제가 없고 안전하다는 느낌을 받고자 한다. 다른 사람들로부터 인정과 주목과 갈채를 받기를 원하는 것도 같은 이유다. '의미 있는' 중요한 사람이 되고자 하는 충동이나 자기 정체성에 대한 안전한 감각을 얻으려는 시도는 모두 이 하우스 소관이다. 그래서 자녀, 독창성, 연애 등이 여기에 속한다.

이 하우스는 모험risk-taking과도 관련이 있다. 실제로 이 하우스에 속한 모든 요소들 곧 도박, 연애, 자녀를 갖는 것(자녀 '양육'은 7번째나 4번째 하우스에 속함), 창조성 발휘, 자기를 공개적으로 표현하는 것 등이 모두 본질적으로 모험적인 성격을 갖고 있다. 이런 사실을 통해서 배울 수 있는 것은, 우리는 위험을 감수하는 능력을 발전시킴으로써 확실한 자아 정체성을 확립하고 자신감을 갖게 된다는 것이다. 변화의 여지가 없는 정체된 자아 정체성은 안정된 것이 아니다.

9번째 하우스

이 하우스는 '자아 정체성'(불 원소)에 대한 '배움'(케이던트) 곧 '내가 진정으로 누구인가를 배우는' 영역이다. 그래서 주인공의 종교적이고 철학적인 태도, 여행, 탐구 등이 이 하우스에 속한다. 이 하우스가 강조되어 있는 사람은 내가 누구인가에 대한 앎의 지평을 넓히고, 이해의 폭을 확장하고, 인간이 어떤 존재인지에 대한 조망을 얻고, 우주에 대한 큰 그림을 그리는 일에 마음이 끌린다. 이들은 대개 계속 발전하고 확장해야 된다는 느낌과 광대한 가능성에 대한 믿음을 갖고 있다.

흙 원소 하우스: 10th, 2nd, 6th

10번째 하우스

이 하우스는 '물질'(흙 원소) 차원에서의 '행동'(앵귤러)과 관련된 영역이다. 전통적으로 주인공의 이 세상에서의 위치(지위), 명성(평판), 야망, 직업 등을 관장한다고 본다. 어떤 사람에 대한 평판은 기본적으로 그 사람이 현실 세계에서 어떻게 행동하느냐에 달려 있다. 그리고 현실 세계에서 효과적으로 활동하려면 그렇게 할 수 있는 권위가 있어야 한다. 그래서 '권위'도 10번째 하우스가 관장하는 분야다. 전통적으로 이 하우스는 주인공이 이 세상에서 성취하고자 하는 특별한 야망 또는 사회에 공헌하고자 하는 '소명감'을 보여 준다고 본다. 그런데 후자 곧 사회에 공헌하고자 하는 소명감은 개인적인 야망이라기보다는 일종의 운명과 관련된 것으로 보인다.

2번째 하우스

이 하우스의 키워드는 '물질적인(흙 원소) 안정(석시던트)'이다. 돈, 수입, 재산, 그리고 물건과 사람을 컨트롤하고자 하는 욕망과 관련된 영역이다. 그러나 키워드를 좀 더 폭넓게 이해할 필요가 있다. 왜냐하면 2번째 하우스가 강조되어 있는 사람들 중에는 물질세계에서의 안정은 갈구하면서도 정작 돈 그 자체에는 그리 큰 관심을 기울이지 않는 사람들이 있기 때문이다. 그들은 물질세계에서의 안정을 보장하는 조건으로 자기가 뜻대로 쓸 수 있는 돈을 포함한 풍부한 자원을 요구한다. 따라서 2번째 하우스는 돈을 포함해서 물질세계에서의 안정을 취하는 데 도움이 될 만한 자원을 대하는 주인공의 태도가 어떠한지를 상징적으로 보여 준다.

이 하우스가 강조되어 있는 사람들에게서 흔히 볼 수 있는 '물질적인 안정'을 위한 또 다른 중요한 원천은 '자연이 제공하는' 느긋함과 균형을 체험하는 것이다. 2번째 하우스가 강조되어 있는 많은 사람들이 선천적으로든지 아니면 후에 경험을 통한 깨달음을 통해서든지, 안정의 원천으로서 물질적인 소유 못지않게 자연환경을 중요하게 여긴다. 같은 맥락에서, 구체적인 형태의 물질에 대한 이들의 집착은 자연 곧 땅earth과의 강한 연대감의 연장이라고 말할 수도 있다.

6번째 하우스

이 하우스는 일, 건강, 서비스, 의무, 도움 등과 관련이 있다. 이 하우스의 기본 원리가 '물질'(흙 원소) 차원의 체험을 통한 '배움'(케이던트)이라는 사실을 고려한다면 이 하우스와 관련된 행동의 동기를 쉽게 이해할 수 있다. 우리는 주로 건강 문제를 통해서 물질적인 육체의 요구와 한계를 배운다. 또 매일 의무적으로 수행해야 하는 일을 통해서 현실성을 자각하게 된다. 우리는 이런 경험을 통해서 겸손을 배우고, 우리의 한계를 받아들이고, 심신의 건강한 상태를 유지하기 위해서는 현실적인 의무를 수행해야 한다는 것을 배운다. 이런 점에서 6번째 하우스는 물질 차원의 체험과 직면함으로써 정화, 정련, 겸손을 배우는 과정이라고 할 수 있다. 이렇게 이해한다면 6번째 하우스의 진정한 의미를 긍정적으로 해석할 수 있을 것이다.

공기 원소 하우스: 7th, 11th, 3rd

7번째 하우스

이 하우스는 '사회성'과 '지성'(공기 원소) 차원에서의 '행동'(앵귤러)과 관련되어 있다. 일대일 관계는 이 하우스의 대표적인 경험이다. 주인공이 어떤 형태의 사회적 구조 안에서 어떤 사회적 활동을 할 것인가는 모두 일대일 관계의 속성에 따라 결정된다. 개인 차원에서 보면, 중요한 파트너와의 관계가 어떠하냐에 따라서 삶의 나머지 부분들 곧 건강, 경제, 섹스, 자녀, 직업적인 성공 등이 그 영향을 받는다. 그러므로 이 하우스가 관장하는 파트너십이 결국 주인공의 사회생활과 지적인 진보에 강한 영향력을 미친다고 볼 수 있다.

11번째 하우스

이 하우스는 '사회성'과 '지성'(공기 원소) 차원의 '안정'(석시던트)을 추구하는 행위와 관련되어 있다. 출생 차트에서 이 하우스가 강조되어 있는 사람은 지적인 대화를 나눌 수 있는 비슷한 생각을 갖고 있는 친구들과 어울리거나 그런 그룹에 참여하는 경향이 있다. 물론 특별한 주제에 대해서는 생각이 다르더라도 지적인 대화나 토론을 할 수 있다면 상관하지 않는다. 지적인 차원의 안정에 대한 이들의 추구는 정치, 형이상학, 또는 과학 등 다양한 사상의 흐름에 관심을 갖도록 만든다. 11번째 하우스가 강조되어 있는 사람이 자신이 갈구하는 사회성과 지성 차원의 안정을 얻을 수 있는 가장 효과적인 방법은 자신의 욕구도 충족시킬 수 있고 '전체로서의 사회의 욕구와도 조화를 이룰 수 있는' 분명한 목표를 설정하는 것이다.

3번째 하우스

이 하우스는 '사회성'과 '지성'(공기 원소) 차원에서의 '배움'(케이던트)과 관련된 영역이다. 기본적인 커뮤니케이션 능력, 미디어 관련 작업, 상품 거래 등과 관련된 모든 형태의 정보 교환이 이 하우스에 속한다. 3번째 하우스가 강조되어 있는 사람은 다른 사람과 의사소통을 하고 싶은 깊은 갈망을 갖고 있다. 그러나 그 갈망이 충족되지 않는 경우가 종종 있다. (이 하우스에 어떤 행성이 자리 잡고 있느냐에 따라 달라지지만) 일반적으로 생각과 관심사가 많이 다른 사람들하고도 아주 쉽고 친근하게 대화를 나눌 수 있는 능력도 있다. 9번째 하우스의 배움은 대개 영감이나 직관을 통해 이루어지는 반면에, 3번째 하우스의 배움은 주로 이성과 논리 그리고 끝없는 호기심을 통해서 이루어진다.

이 하우스는 커뮤니케이션과 관련된 모든 주제뿐만 아니라 주인공의 마음(논리 작용)이 어떻게 작동하는지도 보여 준다. 이 하우스에 자리 잡고 있는 행성은 주인공이 마음을 어떻게 이용하고, 생각을 전달하는 스타일에 영향을 줄 뿐만 아니라, 생각하는 패턴이 주인공의 인생 전반에 어떤 영향을 미칠 것인지를 알려 준다.

물 원소 하우스: 4th, 8th, 12th

4번째 하우스

이 하우스는 '감정'과 '혼'(물 원소) 차원에서 동기가 유발되어 직접적인 '행동'(앵귤러)이 일어나는 영역이다. 이 차원에서 일어나는 모든 행동은 이미 조건화된 것이기 때문에 의식으로 통제할 수 없다. 전통적으로 가정과 가족이 4번째 하우스에 속해 있다고 본다. 그렇다. 가족들과의 관계는 우리가 가장 습관적이고 감정적으로 대하는 삶의 영역임에 틀림없다. 이 하우스는 또한 주인공을 양육하고 보호하는 가정 환경이 어떤지를 상징적으로 보여 준다.

이 하우스가 강조되어 있는 사람은 자신의 어린 시절과 젊은 시절의 경험을 소화 흡수하기 위해서, 그런 과거의 경험을 반영하는 깊은 감정 차원에서 행동하려는 욕구가 있다. 이들은 '자신이 평화롭기'를 갈망하며, 따라서 개인적인 삶을 방해받지 않으려는 강한 욕구가 있다. 또한 내면생활을 증진하거나 혼의 성장을 촉진하는 활동에 초점을 맞추는 경우가 많다.

8번째 하우스

이 하우스는 '감정'과 '혼'(물 원소) 차원에서 '안정'(석시던트)을 찾으려는 욕구와 관련되어 있다. 일반적으로 섹스가 이 하우스에 속해 있다고 보는데, 성적인 충동이 어떤지를 보여 줄 뿐만 아니라 다른 사람과 하나가 됨으로써 궁극적인 정서적 안정을 체험하려는 욕구가 어떤지도 보여 준다. 8번째 하우스가 강조되어 있는 사람 중에는 다른 사람들에게 영향을 미치는 파워를 갖거나 경제적인 파워를 통해서 정서적인 안정감을 취하려는 사람들도 많다.

이 하우스가 강조되어 있는 사람들은 물질, 파워, 섹스, 싸이킥 파워 등을 통해서 안정감을 찾으려고 할지 모른다. 하지만 감정과 혼의 진정한 안정감은 거친 감정의 풍랑이 가라앉은 다음에야 경험할 수 있을 것이다. 초자연 현상에 관한 공부도 이 하우스에 속해 있는데, 그런 것을 공부한다면 심오한 생명의 법칙에 대한 이해를 통해서 내면의 평화에 도달하는 데 큰 도움이 될 것이다. 이 하우스에 속해 있는 섹스 충동은 개인적인 상대와 하나가 되려는 욕구라기보다는, 더 큰 힘과 하나가 됨으로써 궁극적으로 새로운 존재로 다시 태어나고 싶은 갈망의 표현으로 볼 수 있다. 한마디로 말해서 8번째 하우스는 '감정 차원의 평화'를 갈구하는 갈망을 상징적으로 보여 준다. 그런데 이런 평화는 정작 욕망과 갈망과 강박적인 욕구로부터 자유로워질 때만 얻을 수 있다.

이 하우스는 또한 근원적인 형태의 에너지와 여러 형태의 에너지 투사와도 관련이 있다. 그래서 치유, 초자연 현상에 관한 공부, 섹스, 변형을 일으키는 도구, 투자, 재정적인 채권 채무 등이 이 하우스에 속한다.

12번째 하우스

이 하우스는 '감정'과 '혼'(물 원소) 차원의 '배움'(케이던트)과 관련된 영역이다. 이 영역에서의 배움은 고독감과 영혼의 깊은 고통을 통해서 또는 헌신적인 섬김을 통해서 또는 고귀한 이상에 헌신함으로써 점차 깨달아 가는 그런 배움이다. 깊은 차원에서 보면, 12번째 하우스는 보다 높은 존재 또는 초월적인 이상에 굴복하고 헌신함으로써 또는 과거의 생각과 행위의 망령들로부터 벗어나서 자유로운 '영혼의 평화'를 누리고자 하는 갈구를 보여 준다.

행성과 하우스에 대한 이해

필자는 출생 차트에 반영된 주인공의 삶을 이해하는 데 하우스와 관련해서 다음과 같은 네 가지 사실이 대단히 중요하다는 것을 발견했다.

1. 하우스는 주인공의 관심이 어디에 있는지를 보여 준다. 어떤 하우스에 행성이 여러 개 들어가 있다면 주인공은 그 경험 영역에 그만큼 더 많은 관심을 쏟는다.

2. 하우스는 주인공이 어떤 영역에 자연스럽게 에너지를 쏟는지를 보여 준다. 어떤 하우스에 들어가 있는 행성은 주인공이 그 하우스 영역에서 그 행성 에너지를 자연스럽게 표현하리라는 것을 알려 준다.

예를 들어서, 비너스가 4번째 하우스에 있다면 주인공은 비너스의 정서와 애정 에너지를 4번째 하우스 영역 곧 개인적으로 친숙한 환경이나 가정이나 가족 및 부모 자식 사이에서 자연스럽게 표현한다. 그리고 사생활이나 가정에서 즐겁게 상호교류하고 싶은 자연스러운 충동을 갖고 있을 것이다.

3. 행성의 하우스 배치는 행성이 상징하는 경험을 주인공이 어떤 영역에서 가장 직접 직면하게 될 것인지를 알려 준다.

예를 들어서, 비너스가 4번째 하우스에 있다면 주인공은 사적인 활동 곧 가족을 돌보거나 자신의 혼을 보살피는 일 등과 관련된 영역에서 비너스가 상징하는 사랑과 감정을 나누는 경험을 가장 직접적으로

하게 될 것이다.

4. 행성의 하우스 배치는 행성이 상징하는 욕구를 어떤 영역에서 가장 자연스럽게 충족시키려고 하는지를 보여 준다.

예를 들어서, 머큐리가 7번째 하우스에 있다면 주인공은 지적인 욕구와 의사소통하고 싶은 욕구를 친밀한 관계와 여러 형태의 파트너 관계에서 충족하려고 할 것이다.

독자들은 다음에 다룰 하우스 해석 가이드라인이 '행성과 싸인의 결합'만큼 상세하지 않다는 것을 알게 될 것이다. 여기에는 그럴 만한 이유가 있다. 첫째, 필자는 하우스를 해석함에 있어서 단정적인 결론을 내리기보다는 열린 자세로 접근하는 것을 더 좋아한다. 왜냐하면 실제로 각 하우스는 무한할 정도로 많은 의미를 파생시키며, 어떤 사람의 환경, 가치관, 배경, 의식 수준 등이 서로 영향을 주고받으면서 그만의 독특한 삶의 패턴을 형성하기 때문이다. 둘째, 싸인은 삶에서 작동하는 기본적인 에너지를 보여 주지만 하우스는 그에 비하면 이차적이다. 따라서 하우스와 행성의 결합보다는 싸인과 행성의 결합이 구체적으로 설명하기가 더 쉽고 적절하기 때문이다. 예를 들어 어떤 사람의 출생 시간이 정확하지 않다면 하우스를 무시하고 리딩을 할 수 밖에 없는데, 그렇게 해도 꽤 정확한 정보를 얻을 수 있다. 물론 읽을 수 있는 정보의 양은 약 60~90% 정도겠지만 말이다. 셋째, 행성의 싸인과 어스펙트가 대단히 중요하고 지배적인 역할을 하기 때문에 그것을 고려하지 않고 하우스를 해석하려고 하는 것은 정확하지 않은 결론에 도달할 위험이 크다. 하우스를 해석하는 보다 바람직한 자세는 믿을 만한 해석 지침을 갖고 당사자와 대화를 통해서 실제로는 무엇인지를 찾아 나가는 것이다.

행성의 하우스 해석 가이드라인

해석자가 옛날 방식으로 일방적으로 '리딩'하기보다는 당사자와 일대일 대화를 하면서 다음 가이드라인을 사용한다면 많은 정보가 당사자의 삶과 일치한다는 놀라운 발견을 하게 될 것이다.

☉ **썬이 들어가 있는 하우스**
본질적인 자아와 독창성을 가장 직접 체험하는 영역이다. 이 영역의 경험은 주인공으로 하여금 활기가 넘치게 하고, 잘 살고 있다는 느낌을 갖게 한다.

☽ **문이 들어가 있는 하우스**
정서적인 안정, 정서적인 욕구 충족, 그리고 위로의 느낌을 찾는 영역이다. 이 영역에서 소속감과 보다 안정되고 명확한 자아상을 가장 직접 체험할 수 있다.

☿ **머큐리가 들어가 있는 하우스**
진정한 커뮤니케이션의 의미를 가장 직접 체험하며, 지적인 활동이 활발하게 일어나는 영역이다. 이 영역의 삶을 구체적으로 경험하기 위해서 이 영역에서 다른 사람들과 일상적으로 정신적인 에너지를 주고받으려는 욕구를 가지고 있다.

♀ **비너스가 들어가 있는 하우스**
즐거움과 만족과 행복감을 찾는 영역이다. 이 영역에서 자기 자신과 자신의 애정을 나누어 주는 체험을 하며, 다른 사람에게 의미 있는 존재라는 느낌을 가질 수 있을 뿐만 아니라 다른 사람의 가치를 깊이 있게 인정하는 것을 배우기도 한다.

♂ 마스가 들어가 있는 하우스

자기주장, 용기, 진취성 등을 가장 직접 체험하는 영역이다. 이 영역의 경험은 육체적인 에너지와 건강을 유지하는 데 아주 중요한 역할을 한다. 이상적으로 말하자면, 이 영역의 체험은 자신으로 하여금 넘치는 에너지로 원하는 바를 향해 질주하도록 원기를 북돋아 준다고 할 수 있다.

♃ 주피터가 들어가 있는 하우스

믿음, 신뢰, 미래에 대한 희망 등을 가장 직접 체험하는 영역이다. 이 영역의 경험을 통해서 자신을 성장시키고 증진시킬 수 있는 능력이 있다는 낙관적인 견해를 가장 쉽게 계발할 수 있다.

♄ 쌔턴이 들어가 있는 하우스

안정감, 삶의 체계, 깊은 만족, 인생의 의미 등을 경험할 수 있는 영역이다. 이 영역에서 열심히 일하고, 의무를 수행하고, 자신의 인격을 주조하는 데 필요한 압박을 받아들여야만 한다. 이 하우스는 주인공에게 특히 중요한 경험의 장이다.

♅ 유레너스가 들어가 있는 하우스

자신의 독특함, 독창성, 특수한 재능, 객관성, 흥분에 도취되고 싶은 욕구 등을 가장 직접 체험하는 영역이다. 이 영역의 삶에서 자신을 직관적이고 자유롭게, 그리고 창의적이고 실험적으로 표현한다. 또한 이 영역에서 사회에 대한 관심이 주제로 떠오를 수 있고, 세상을 긍정적으로 변화시키는 데 공헌할 수도 있다.

 ### 넵튠이 들어가 있는 하우스

비물질적인 차원, 신비, 초월, 영감 등의 실재를 가장 직접 체험하는 영역이다. 이 영역에서 가장 쉽게 상상의 흐름에 발을 담글 수 있다. 또한 규칙적으로 반복되는 것, 억눌림, 영감을 주지 않는 환경 등으로부터 습관적으로 탈출을 시도하는 영역이기도 하다. 경우에 따라서 이 하우스는 어떤 종류의 체험이 영성을 계발하거나 삶을 정련하는 데 도움이 될지에 대한 단서를 제공하기도 한다. 또한 이 하우스에 속한 삶의 체험을 극단적으로 이상화시키기도 한다.

플루토가 들어가 있는 하우스

깊은 차원의 강박적인 습관 패턴에 대한 태도와 그것을 표현하는 방식의 완전한 변형을 체험하는 영역이다. 일반적으로 깊고 철저하게 이 체험의 장을 경험하며, 이 영역의 체험에 정직하고 솔직하게 임한다면 의식 진화에 큰 진전이 있을 수 있다.

하우스 해석에서 대단히 중요한 문제

하우스 커스프house cusp(하우스 경계선)에 6도 이내로 컨정션되어 있는 행성은, 그 행성이 '커스프 어느 쪽에 있든지' 아주 확실하게 그 하우스에 '들어' 있는 것으로 보아야 한다. 예를 들자면 5번째 하우스 커스프가 쌔저테리어스 24도이고 비너스가 쌔저테리어스 18도에 있을 경우, 비너스는 6도 이내에서 5번째 하우스 커스프와 컨정션되어 있기 때문에, 실제 위치는 4번째 하우스에 있지만 5번째 하우스에 있는 것으로 보아야 한다. 전통적으로는 비너스를 실제 위치 그대로 4번째 하우스에 있는 것으로 해석한다. 이런 전통적인 해석 방식은 어떤 하우스 영역의 삶이 그 하우스가 시작되는 지점에서 갑자기 시작해서 다음 하우스가 시작되는 지점에서 갑자기 끝난다는 시각에서 비롯된 것이다. 이를테면 하우스를 따로따로 나누어진 조그만 상자처럼 여기는 셈이다. 하지만 경험에 의하면 하우스는 에너지 장과 같은 경험의 장이기 때문에 서서히 발전을 시작해서, 절정에 도달한 다음 점진적으로 그 힘을 잃는다.

이러한 해석 원칙을 가장 중요하게 적용해야 되는 경우는 차트의 지평선 라인 곧 어떤 행성이 어센던트나 디센던트와 컨정션되어 있을 때다. 필자는 사람들이 매우 혼란스럽다는 듯이 다음과 같이 말하는 소리를 수도 없이 들었다. "저는 마스가 12번째 하우스에 있는데 실제 삶에서는 꼭 1번째 하우스에 있는 것처럼 영향이 나타나요." 또는 "저는 7번째 하우스에 행성이 하나도 없습니다. 그런데 6번째 하우스에 있는 쌔턴이 7번째 하우스 커스프와 4도 떨어져 있는데, 제 삶을 보시면 쌔턴이 마치 7번째 하우스에 있는 것처럼 영향력을 행사하고 있다는 것을 아실 겁니다." 오리처럼 뒤뚱뒤뚱 걷고 오리처럼 꽥꽥거린다면 그건 아마 오리일 것이다. 마찬가지로 앞에 사람은 마스를 1번째 하우스에 있는 것으로 보아야 하고, 뒷사람은 쌔턴이 7번째 하우스에 있는 것으로 해석해야 한다.

어떤 행성이든지 어센던트나 디센던트에 6도 이내로 컨정션되어 있으면 그 행성은 1번째 하우스나 7번째 하우스에 있는 행성으로 여겨야만 한다. 그리고 어센던트나 디센던트와 컨정션되어 있는 행성은 주인공의 삶에 아주 중요한 영향을 미칠 뿐만 아니라, 때에 따라서는 인생을 대하는 전반적인 태도를 결정하는 데에 지배적인 역할을 한다. 같은 이유로, 대부분의 하우스 시스템에서 10번째 하우스 커스프에 해당하는 MC(미드헤븐)나 그 반대편에 있는 4번째 하우스 커스프인 IC와 컨정션되어 있는 행성도 10번째 하우스와 4번째 하우스에 속한 삶의 영역인 동기 부여, 명성, 안전하다는 느낌, 부모의 영향 등에 상당한 영향을 미친다. 이 경우도 행성이 실제로는 9번째나 3번째 하우스에 있더라도 MC나 IC와 6도 이내로 컨정션되어 있다면 10번째와 4번째 하우스에 있는 행성으로 해석해야 된다는 원칙을 적용해야 한다.

하우스 커스프 싸인 해석 가이드라인

석시던트 하우스와 케이던트 하우스의 커스프 싸인에 대한 해석은 4개의 앵귤러 하우스(1, 4, 7, 10)의 커스프 싸인을 해석하는 것과 거의 같은 방식으로 해석할 수 있다. 그러나 앵귤러 하우스가 아닌 하우스의 커스프 싸인은 그 하우스에 어떤 행성이 포함되어 있지 않다면 개성에 주목할 만한 영향을 미치지 않으므로 해석에서 지나치게 강조할 필요는 없다. 어떤 하우스 커스프가 한 싸인의 첫 부분이나 끝에 걸려 있는 경우, 다른 하우스 시스템을 적용한다면 다른 싸인에 걸릴 수도 있다. 또출생 시간이 조금만 조정되어도 그렇게 될 수 있다. 이것은 하우스 커스프 싸인을 해석할 때 주의를 기울이고 너무 엄격하지 말아야 하는 또 다른 이유다. 일반적으로 비어 있는 하우스에는 너무 중요성을 부여하지 말고 행성을 포함하고 있는 하우스에 포커스를 맞추고 리딩하는 것이 좋다. 그리고 다른 요소들을 배제하고 하우스 커스프 싸인만 단독으로 해석하는 것은 피해야 한다. 이런 점을 염두에 두고 다음에 제시하는 두 가지 가이드라인을 하우스 커스프 싸인 해석에 적용하면 좋을 것이다.

1. 하우스 커스프 싸인은 주인공이 그 하우스가 상징하는 경험의 장에 접근하는 태도 곧 그 영역을 대하는 태도가 어떤지를 보여 준다.

예를 들어서, 6번째 하우스 커스프 싸인이 리브라라면, 주인공은 물질세계와 관련된 일상적인 일들을 균형 잡힌 태도로 처리하면서 배워 나갈 것이다. 또한 일이나 자신의 건강에 부조화가 있을 때 재빨리 알아차리고 조화를 만들어 내는 능력을 발휘할 것이다.

다른 예로, 11번째 하우스 커스프 싸인이 토러스라면, 주인공은 현실성에 근거한 꾸준함으로 그룹 활동에 참여하거나 친구 관계를 맺음으로써 사회성과 지성 영역에서 안정된 느낌을 찾으려고 할 것이다. 또한 물질적이고 구체적인 실체와 관련이 있는 지식을 갖게 될 때 지적으로 만족하며 안정감을 느낄 것이다. 사회적으로는 다른 사람들과 꾸준히 신뢰를 나눌 수 있기를 바랄 것이다.

2. 하우스 커스프 싸인은 그 하우스가 상징하는 경험의 장에서 주인공이 어떤 성격의 경험을 하게 될 것인지, 그리고 그 하우스와 관련된 행동에서 어떤 형태로 에너지를 발산할 것인지를 보여 준다.

예를 들어서, 2번째 하우스 커스프가 파이씨즈라면, 물질적인 안정과 관련된 경험이 애매모호하고 혼란스러울 가능성이 크다. 다른 문제에 있어서는 아무리 현실적일지라도, 물질적인 자원과 관련해서 안정을 취하는 문제에 있어서는 이상적인 견해나 의심이 늘 따라다닐 가능성이 있다. 아마 이 영역을 통제하려는 집착에서 벗어나는 법을 배우고 있는 사람처럼 보일 것이다.

8 장
어스펙트 이해하기

어스펙트란 행성과 행성, 행성과 어센던트, 행성과 미드헤븐 등이 맺고 있는 각도를 말한다. 출생 차트에 나타난 '어스펙트'는 그 사람의 삶을 진행시키는 다양한 에너지의 역동적인 상호 작용을 보여 준다. 출생 차트는 에너지 장을 그린 지도라고 할 수 있는데, 전통적으로 어스펙트는 여러 에너지 센터(행성)들 사이에 연결되어 있는 '힘을 교환하는 통로lines of force'라고 본다. 출생 차트의 360도 범위 안에서 맺어지는 어스펙트는 주인공의 에너지 장의 상태를 놀라울 정도로 정확하게 보여 준다. 이 책에서는 가장 일반적으로 사용하는 메이저 어스펙트에 초점을 맞출 것이다. 필자는 30도의 배수로 이루어진 어스펙트를 '메이저 어스펙트'로 여기는데, 메이저 어스펙트는 상당히 믿을 만한 정보를 제공해 준다. 이 책은 실용적으로 유용한 가이드라인을 제공한다는 목적을 갖고 있기 때문에 다른 여러 책에서 설명하고 있는 어스펙트의 수학적 원리에 대해서는 다루지 않을 것이다.

어스펙트는 두 그룹으로 나눌 수 있다.

챌린징 어스펙트

스퀘어(90도), 어퍼지션(180도), 퀸컨크스(150도), 그리고 관련된 두 행성의 조화 여부와 이들이 자리 잡고 있는 싸인의 원소 사이의 조화 여부에 따라서 컨정션(0도), 세미섹스타일(30도)이 챌린징Challenging(또는 다이내믹Dynamic) 어스펙트에 속한다. 이 각도들은 내적인 긴장을 일으키고, 그래서 보통 어떤 분명한 행동을 유발시킨다. 아니면 적어도 어스펙트를 맺고 있는 행성들이 자리 잡고 있는 영역을 자각하도록 만든다. 많은 저술가들이 이 어스펙트를 '부조화'(이 외에도 '힘든' 또는 '나쁜') 어스펙트라고 부르기도 하는데, 이러한 용어는 오해를 불러일으킬 수 있다. 왜냐하면 이런 어스펙트를 갖고 있는 사람일지라도 이런 어스펙트가 부여하는 해결해야 할 도전이나 책임을 당당히 떠맡고 에너지를 집중시킴으로써 상당히 조화로운 표현 양태로 발전시켜 나갈 수 있기 때문이다. 이러한 어스펙트는 어스펙트로 맺어진 두 행성의 에너지가 조화를 이루지 않은 채 진동하고 있음을 (따라서 어스펙트로 맺어진 두 행성이 상징하는 주인공의 삶의 차원이 조화를 이루지 못하고 있음을) 보여 준다. 두 행성의 에너지 파동이 서로 조화를 이루지 못하는 관계에서 서로가 상대 행성의 파동에 간섭하며, 그 결과 에너지 장에 스트레스가 생김으로써 짜증이 나거나 불안정해지는 경향이 있다. 그러나 이 짜증과 불안정함은 주인공으로 하여금 긴장을 해소하는 방향으로 행동을 취하게 만들 수 있다. 예를 들어 머큐리와 마스가 챌린징 어스펙트를 맺고 있다면 다음과 같은 양상이 나타날 수 있다. 생각을 전달하고 싶은(머큐리) 조급함(마스), 배우려는(머큐리) 강한 의욕(마스), 자신의 생각과 견해를(머큐리) 강하게 주장함(마스), 신경이(머큐리) 날카로워짐(마스), 지나치게 비판적임 등. 만약 마스와 머큐리의 챌린징 어스펙트가 야기하는 짜증과 긴장을 올바른 방향으로 성공적으로 컨트롤한다면 주인공은 명민한 지성을 요구하는 비범한 재능(머큐리)을 발전시키는 방향으로 엄청난 에너지를 집중시키면서(마스) 질주할 수 있을 것이다. 이런 관계를 그림으로 표현하면 다음과 같다.

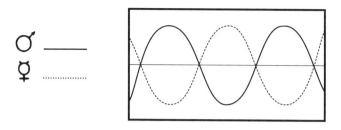

　필자는 천문 해석을 처음 배우는 사람들에게 45도와 135도 어스펙트를 사용하는 것을 권하지 않는다. 물론 많은 해석자들이 이 어스펙트를 사용하고 있는 것은 사실이다. 하지만 필자는 이 두 어스펙트가 특별히 유용하다는 사실을 발견하지 못했다. 두 행성이 45도나 135도로 맺어진 경우 약 50% 정도는 두 행성이 위치한 싸인이 서로 조화를 이루는 원소로 구성되어 있다. 그래서 어느 정도 조화로운 에너지의 흐름을 보이는 것으로 간주된다. 나머지 50% 정도는 두 행성이 위치한 싸인의 원소가 조화를 이루지 않기 때문에 어느 정도 역동적이고 도전적이라고 할 수 있다.

플로잉 어스펙트

　트라인(120도), 섹스타일(60도), 그리고 관련된 두 행성의 조화 여부와 이들이 자리 잡고 있는 싸인의 원소 사이의 조화 여부에 따라서 컨정션(0도), 세미섹스타일(30도)이 플로잉Flowing(또는 하모니어스Harmonious) 어스펙트에 속한다. 이런 어스펙트는 주인공으로 하여금 두 행성과 관련된 능력, 재능, 이해, 표현 방식 등이 일치해 비교적 쉽고 일관되게 발휘할 수 있도록 해 준다. 챌린징 어스펙트는 주인공으로 하여금 에너지와 관심을 집중시키도록 하는 반면에, 플로잉 어스펙트는 조금만 노력해도 비상한 재능으로 발전할 수 있는 '잠재된 가능성potential'을 보여 준다. 플로잉 어스펙트는 '이미 에너지가 조율되어 있는 상태'이며 편안하게 에너지를 표현할 수 있는 경로가 선천적으로 갖추어져 있는 상태라고 할 수 있다. 반면에 챌린징 어스펙트는 두 행성 에너지를 조율하기 위해서 과단성 있는 행동을 통한 노력이 필요하며, 그것을 표현하기 위한 새로운 경로를 개발해야 한다는 것을 보여 준다. 플로잉 어스펙트는 두 행성의 에너지가 조화를 이루고 진동하고 있음을 (따라서 어스펙트로 맺어진 두 행성이 상징하는 주인공의 삶의 차원이 조화를 이루고 있음을) 보여 준다. 이런 어스펙트는 진동수가 비슷한 두 파동이 만나면 증폭되는 것과 비슷하게, 두 행성의 에너지 파동이 서로 상대방의 파동을 '강화'시켜 준다. 예를 들어 머큐리와 마스가 플로잉 어스펙트를 맺고 있다면 두 행성 에너지가 자동으로 융합되어 강한(마스) 정신력(머큐리), 자신의 생각을(머큐리) 주장하는 힘(마스), 강인한(마스) 신경(머큐리), 자신의 이상을(머큐리) 분명한 행동으로 표현하는 능력(마스) 등으로 나타날 수 있다. 마치 자기를 주장하는 마스의 힘을 머큐리가 지성으로 인도함과 동시에, 마스는 머큐리의 지성과 언어 표현에 힘을 실어 주는 형국이라고 할 수 있다. 이런 관계를 그림으로 표현하면 다음과 같다.

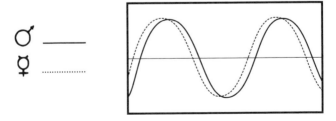

중요한 점은 어떤 어스펙트든지 '어스펙트를 맺고 있는 행성의 성격과 그들이 자리 잡고 있는 싸인의 성격을 고려하면서 해석해야' 한다는 것이다. 트라인을 전통적으로 '유익한beneficial' 어스펙트라고 하지만, 어떤 트라인 어스펙트는 낭비하는 성격 또는 문제가 될 만한 상황을 만들어 낸다. 이런 사실을 입증해 주는 사례는 상당히 많다. 예를 들자면 출생 차트에서 유레너스가 다른 어떤 행성과 트라인이 되어 있는 사람들 중에 지독하게 자기중심적이고, 도무지 협력을 못하며, '내가 다 알고 있다' 식의 태도를 갖고 있는 사람이 많이 발견된다. 또는 자기가 관심을 갖는 것에 빠른 속도로 흥분해서 몰입하는 경향이 너무 강하기 때문에 다른 사람들에게 굉장한 조급증을 보인다. 반면에 챌린징 어스펙트가 엄청난 집중력과 힘과 창조성으로 나타나는 경우도 드물지 않다. 물론 챌린징 어스펙트를 그런 식으로 표현하는 사람일지라도 가끔은(또는 어떤 경우에는 동시에) 갈등과 문제가 되는 방식으로 그 에너지를 표현하는 것은 사실이다. 만약 도전과 그 도전을 해결하려고 하는 노력이 고통스러울지라도 그런 도전과 노력 자체에 내장되어 있는 가치를 인식할 수 있다면 어스펙트를 정확하고 깊이 있게, 그리고 실용적인 방식으로 이해할 수 있을 것이다.

어스펙트 해석을 위한 법칙

필자가 좋아하는 어스펙트 해석 법칙은 이렇다.

어떤 싸인에 들어가 있는 행성은 '표현하려는 충동'과 '성취하려는 욕구'를 보여 준다. 그러나 어스펙트는 에너지가 실제로 어떻게 흐르고 있는지를 보여 준다. 따라서 주인공이 행성이 상징하는 충동과 욕구를 충족하기 위해서 얼마나 '노력'해야 할지를 어스펙트를 통해서 알 수 있다.

달리 말하자면 어스펙트는 주인공이 무엇을 경험하고 무엇을 성취할 것인지를 보여 주는 것이 아니라, 어떤 결과를 얻기 위해서 상대적으로 얼마나 노력을 기울여야 하는지를 말해 준다. 이것은 깊이 연구하고 기억할 가치가 있는 하나의 가이드라인이다. 어스펙트를 미묘한 영향력까지 정확하게 해석하려면 이 법칙을 이해하는 것이 절대적으로 필요하다.

메이저 어스펙트

여기서 제시하는 것은 메이저 어스펙트를 해석하기 위한 간략한 가이드라인이다. 세미섹스타일(30도)이나 퀸컹크스(150도)를 마이너 어스펙트로 취급하는 사람이 많지만, 필자는 30의 배수가 되는 도수를 모두 '메이저' 어스펙트로 본다. 트라인(120도)보다 영향력이 보다 강하고 분명하게 나타나는 사람들이 많다.

컨정션(0도, ☌)

컨정션conjunction은 두 생명 에너지가 강하게 융합하여 상호 작용을 하고 있다는 것을 보여 준다. 따라서 어떤 사람의 차트에서나 매우 중요하게 취급해야 한다. 컨정션 중에서도 '퍼스널 플래닛'(썬, 문, 머큐리, 비너스, 마스)이나 어센던트와 컨정션이 되면 아주 강한 효과가 나타난다. 이런 컨정션은 관련된 행성과 그들이 위치한 싸인에 따라 형성된 에너지가 아주 강하게 흐르게 함으로써 그에 따른 개성적인 표현이 아주 분명하게 나타나게 만든다. 또 어느 하우스에서 컨정션이 되었는가에 따라서 강력하게 결합된 에너지가 삶의 어떤 영역에서 주로 발휘될 것인지를 보여 준다. 컨정션의 기본 음조는 '행동action'과 '자기 투사self-projection'다.

세미섹스타일(30도, ⊻)

전통적으로 세미섹스타일semi-sextile은 마이너 어스펙트로 여겼다. 그러나 관련된 행성과 그 행성들이 다른 행성과 맺은 관계에 따라 컨정션보다 더 확실한 효과가 나타나는 경우도 있다. 세미섹스타일로 맺어진 두 행성은 상호간에 끊임없이 에너지를 주고받으면서 서로 상대방의 에너지 상태에 영향을 미친다. 일반적으로 스퀘어(90도)가 유발시키는 것과 같은 스트레스를 만들어 내지 않으며, 퀸컹크스(150도)보다 부드러운 것은 사실이지만, 거의 정확한 각도로 맺어져 있다면 그 효과가 지속적으로 분명하게 나타난다.

섹스타일(60도, ✳)

섹스타일sextile은 새로운 것 곧 새로운 사람, 새로운 아이디어, 새로운 태도 등에 개방되도록 영향력을 행사한다. 궁극적으로 새로운 것을 배울 수 있도록 새로운 사람이나 아이디어와 연결될 가능성을 암시한다. 섹스타일로 연결된 두 행성이 자리 잡고 있는 싸인의 원소 에너지는 대개 조화롭게 융화할 수 있는 경우가 많다. 섹스타일로 연결된 두 행성이 위치한 하우스는 새로운 차원의 이해를 계발할 수 있는 영역을 암시할 뿐만 아니라, 그 영역의 문제들에 대해서 상당한 정도의 객관성을 획득함으로써 더 큰 자유를 느낄 수 있게 이끈다. 그것은 자동적으로 조율되기도 하고, 때로는 확실한 재능으로 드러나기도 한다.

스퀘어(90도, □)

스퀘어square로 연결된 두 행성은 대개 조화를 이루지 못하는 원소의 싸인에 자리를 잡고 있다. 그래서 서로 다른 에너지를 조정하고 통합하기 위해서 상당한 노력이 필요하게 된다. 퍼스널 플래닛이 다른 행성과 거의 정확한 스퀘어를 맺고 있다면 인생에서 중요한 도전이나 난제로 작용한다. 스퀘어는 새로운 구조를 만들어 내기 위해서, 대개는 분명한 행동을 통해서 에너지를 어디에 '쏟아야만' 하는지를 보여 준다. 많은 천문 해석가들이 스퀘어를 쌔턴과 비슷한 속성을 갖고 있다고 본다. 곧 꼭 풀고 넘어가야만 하는 숙제와 같다는 것이다. 스퀘어는 쌔턴의 또 다른 속성인 '두려움'과도 관련이 있다. 왜냐하면 대개는 자기 차트에서 스퀘어가 암시하고 있는 문제를 다루는 것을 두려워하기 때문이다. 이 두려움 때문에 당면한 문제를 효과적으로 해결할 수 있는 능력을 스스로 제한하기도 한다.

트라인(120도, △)

트라인trine은 이미 만들어져 있는 통로를 통해서 에너지가 부드럽게 흐르고 있음을 보여 준다. 트라인으로 맺어진 두 행성의 에너지는 새로운 구조를 만들거나 어떤 조정을 하지 않아도 쉽게 창조적으로 사용할 수 있다. 트라인으로 연결된 두 행성의 에너지는 자연스럽게 융화되어 조화롭게 흐르며, 이들 두 행성이 자리 잡고 있는 하우스는 에너지가 그렇게 조화롭게 흐르는 삶의 영역이 어디인지를 보여 준다(대개의 경우 트라인으로 맺어진 두 행성은 원소가 같은 싸인에 자리하기 때문에 에너지 교환이 조화로운 것이다). 그러나 이 어스펙트는 행동을 일으키기보다는 그냥 그 상태에 편안히 머물러 있게 만드는 경우가 많다. 그래서 트라인이 보여 주는 능력과 재능을 타고났음에도 불구하고, 도전이 없기 때문에 그 에너지를 건설적으로 사용하려는 노력을 하지 않는 경우도 종종 있다.

퀸컹크스(150도, ⊼)

이 어스펙트로 맺어진 두 행성이 상징하는 삶의 영역들 사이에 강력한 에너지 흐름이 있음을 암시한다. 그러나 이 에너지 경험은 주인공으로 하여금 지나치게 강박적이거나 지속적으로 성가신 느낌을 갖도록 만드는 경향이 있다. 퀸컹크스quincunx(또는 인컨정트inconjunct)로 맺어진 두 행성의 에너지를 아무 불편함 없이 동시에 자각하는 것은 어렵다. 주인공은 상이한 두 에너지가 협력할 수 있도록 의식적인 노력을 기울여야만 한다. 퀸컹크스로 연결된 두 행성의 싸인은 대개 원소도 조화를 이루지 못할 뿐만 아니라 양상도 다르다.(예를 들어서, 제머나이에 있는 행성과 캐프리컨에 있는 행성이 퀸컹크스를 이룬 경우 제머나이는 뮤터블 공기 원소이고 캐프리컨은 카디널 흙 원소이기 때문에 원소도 조화를 이루지 못하고 양상도 다르다. 하지만 서로 다른 에너지에 대한 깊은 이해를 통해서 실용적인 솜씨를 발휘할 수 있는 가능성이 있다.) 퀸컹크스로 연결된 두 행성은 서로 상대방의 도움을 받아서 자기표현을 하는 것처럼 보이는 경우가 종종 있다. 따라서 상이한 두 에너지를 자각하는 것이 중요하다. 만약 서로 다른 요구를 하고 있는 두 에너지를 의식하지 못하면 어느 한쪽이 다른 쪽을 방해하며 간섭할 것이다. 그러면 두 에너지는 원래 이질적이라서 잘 융화가 되지 않기 때문에 문제가 발생할 것이다. 이 어스펙트를 효과적으로 취급하기 위해서는 해결책을 강요하기보다는 미묘한 조정을 통해 접근해야 한다. 그러기 위해서는 분명한 식별력이 요구된다.

어퍼지션(180도, ☍)

어퍼지션opposition을 이룬 두 행성은 일반적으로 원소가 조화를 이루는 싸인에 자리 잡고 있기 때문에 에너지 레벨이 상승하는 경향이 있다. 그런데 완전히 반대되는 성향의 중간에서, 종종 이럴 수도 없고 저럴 수도 없는 느낌으로 나타나 에너지 장을 '지나치게 흥분시킨다'. 이런 상태는 일반적으로 인간관계에서 늘 당장 풀어야 할 숙제로 나타난다. 주인공은 어퍼지션을 이루고 있는 어떤 한 행성의 모습을 다른 사람에게 '투사'하는 경향이 있기 때문에 객관성을 잃는 경우가 많다. 그래서 무엇이 자기 것이고 무엇이 다른 사람 것인지를 구별하는 데 어려움이 있다. 어퍼지션은 때때로 모순되는, 대조적인 성향의 양극에 매여서 팽팽하게 당겨져 있는 줄과 비슷하다. 180도로 마주 보고 있는 싸인은 비슷한 점이 상당히 많으며 상호 보완적이긴 하나, 여러 가지 면에서 완전히 반대되는 측면이 있다는 것 또한 부정할 수 없다.

어브와 행성의 상호 작용

어스펙트는 수학적인 각도로만 이루어진 것이 아니다. 어스펙트를 이루고 있는 행성과 싸인의 특성이 더해져 있고, 이런 것들이 내면에서 일어나는 에너지 상호 작용의 양상을 보여 준다. 거의 정확한 어스펙트로 연결된 행성은 자신의 에너지를 독자적으로 표현하는 것이 거의 불가능하다는 것을 말해 준다. 출생 차트에 메이저 어스펙트가 있다면, 그 종류가 무엇이든지 간에 어스펙트로 맺어진 행성은 항상 서로 영향을 주고받는다. 여러 가지 점에서, 어스펙트의 종류보다는 행성들이 지속적으로 에너지를 교환하고 있다는 사실이 해석에서는 훨씬 더 중요하다.

예를 들어 썬과 유레너스가 거의 정확한 어스펙트를 맺고 있다면, 그 어스펙트가 스퀘어든지 트라인든지 아니면 퀸컹크스나 세미섹스타일이든지 그 효과가 거의 비슷한 양상으로 나타날 것이다. 앞 장에서 설명한 것처럼 어스펙트 간의 차이는 분명히 있다. 하지만 필자는 어스펙트를 맺은 행성들의 에너지가 융합되고 상호 작용하는 것에 보다 더 주의를 기울이려고 한다. 행성들의 특정한 결합으로 말미암는 긍정적인 효과와 부정적인 효과는 두 행성이 어떤 각도를 맺고 있는지 공존하는데, 주인공의 태도 여부에 따라서 긍정적으로 표현되거나 부정적으로 표현된다. 오차가 없는 정확한 어스펙트일수록 그 어스펙트에서 나타날 수 있는 효과가 강하게 나타나기 때문에 대단히 중요하다.

필자는 여러 해 동안의 경험을 통해서 정확한 어스펙트일수록 늘 강력한 효과가 나타난다는 것을 알고 있기 때문에 차트를 해석할 때 가장 주의를 기울여야 한다는 확신을 갖고 있다. 초급이나 중급 정도의 사람들은 어떤 차트에서든지 정확한 어스펙트에 아주 근접한 어스펙트에만 초점을 맞추고 차트를 검토하는 것이 좋다. 어브Orb(정확한 각도에서 어느 정도 벗어나 있어도 행성들의 에너지가 상호 작용하는 허용 오차를 말한다)를 12도까지 허용할 것을 권하는 책이 많지만, '어브를 좁게 잡으면 잡을수록 해석을 더 효과적으로 할 수 있다'는 것이 필자의 경험에 의한 결론이다.

필자는 대부분의 어스펙트에 8도나 9도의 어브를 주는 것을 결코 받아들일 수 없다. 이런 어브 범위에서 맺어진 어스펙트는 사실상 확실한 효과가 나타나지 않기 때문이다! 즉 두 행성 에너지의 역동적인 상호 작용이 일어나지 않는다. 필자는 썬, 문, 어센던트가 관련된 어스펙트에만 7도 정도의 어브를 허용하고 나머지 경우에는 6도 정도의 어브를 허용한다. 천문 해석을 처음 배우는 사람들이라면 어브를 5도 이내로 잡을 것을 강력히 권하고 싶다.

출생 차트에서 어떤 어스펙트를 평가할 때는 어스펙트의 성격은 물론이고 연관된 행성들의 본질적인 성격과 그 행성들이 자리 잡고 있는 싸인의 '친화성' 여부를 꼭 살펴봐야 한다. 행성들은 자기들이 자리 잡고 있는 싸인의 기질로 자신의 기능을 표현할 것이기 때문이다. 만약 행성들의 싸인만으로도 갈등의 소지를 내장하고 있다면 아무리 플로잉 어스펙트일지라도 덜 조화롭게 나타날 것이다. 반면에 행성들의 싸인이 서로 조화를 이루고 있다면 어브가 거의 없는 챌린징 어스펙트일지라도 그렇게 모진 도전으로 나타나지는 않을 것이다.

요약하자면, 어떤 차트에서든지 모든 어스펙트는 그 차트에서만의 독특한 성격을 갖고 있다. 그 차트의 전체적인 구조(그렇게 짜인 주인공의 삶)와 엮여 있기 때문이다. 그러므로 정확한 해석을 하려면 어스펙트의 기본 원리를 숙지해야 하지만, 궁극적으로 차트의 독특한 구성 속에서 어떤 어스펙트가 어떤 효과를 나타내는지에 대한 광범위한 경험이 필요하다.

행성 에너지의 융합과 상호 작용에 대한 가이드라인

세 외행성이 차트의 다른 기본 요소들과는 아무런 관련을 맺지 않은 상태에서 자기들끼리 어스펙트를 맺고 있는 경우에는 해석에서 주요 요소로 간주하면 안 된다. 유레너스와 넵튠과 플루토는 한 싸인에 머무는 기간이 길다. 그래서 개인적인 의미보다는 이들이 같은 싸인을 통과하는 기간에 태어난 한 세대의 '집단 심리' 양상을 분명하게 보여 준다. 처음 배우는 사람들이 어떤 사람의 차트에서 유레너스와 넵튠이 스퀘어를 이루고 있는 것을 보았는데, 점점 더 많은 사람들의 차트를 보다 보니 그와 비슷한 시기에 태어난 사람들은 '모두' 유레너스와 넵튠이 스퀘어를 이루고 있음을 알고 매우 당혹스러워하는 것은 아주 흔히 있는 일이다. 초보자는 기본적인 것에 초점을 맞춰야 하는데, 그러기 위해서는 차트에서 무엇이 기본적인 요소이고 무엇이 부차적인 요소인지를 구별하는 것을 배울 필요가 있다는 또 다른 예다.

그러나 만약 차트에서 넵튠이 쌔턴과 컨정션되어 있으면서 썬과 스퀘어로 연결되어 있다면, 넵튠과 쌔턴과 썬의 에너지가 융합된 '전체 구성'은 상당히 관심을 기울여서 살펴봐야만 한다.

이 책에서는 차트의 기본적이고 확실한 특징에만 초점을 맞추기 위해서 모든 사람에게 적용할 수 있는 절대적이고 기본적인 양상에 대한 가이드라인만을 제공하려고 한다. 그래서 다섯 퍼스널 플래닛과 주피터와 쌔턴과 어센던트가 어스펙트를 맺었을 경우만 다룰 것이다. 앞서 말했듯이 그 외의 어스펙트는 개인 차원에서는 그리 중요하지가 않다. 물론 행성들의 위치와 이들이 이루고 있는 구조와 테마가 중요한 경우는 예외가 된다(차트의 다른 중요한 요소들과 관련을 맺고 있지 않다면, 세 외행성이 주피터나 쌔턴과 정확한 어스펙트를 맺고 있더라도 특별히 강조하면 안 된다. 그러나 주피터나 쌔턴이 다스리는 싸인이 강조되어 있다면 주피터나 쌔턴이 맺고 있는 모든 어스펙트가 중요해진다).

여기서는 어스펙트로 맺어진 행성들의 기본 기능에 입각해서 어스펙트 해석을 위한 간략한 가이드라인을 제시할 것이다. 행성 에너지의 상호 작용에 대한 이해는 경험이 쌓일수록 더 정확해질 것이다. 강조해 두고 싶은 점은, 어스펙트에 대한 깊은 이해는 차트 주인공과의 일대일 대화를 통해서 한층 발전할 수 있다는 것이다. 책을 읽거나 한 번도 만나 보지 못한 사람의 차트를 추리해 가면서 리딩하는 것으로는 어스펙트를 깊이 이해가기가 힘들다. 이 책의 다른 장과 마찬가지로, 각 항목에서 제시하는 핵심 구절들은 기본이 무엇인지 이해하고 차트 당사자의 실제 상황에서 그 기본이 어떻게 나타날지 독자들 스스로 생각해 보도록 하기 위한 목적을 가지고 있다. 행성들의 에너지 교환 상태를 보여주는 어스펙트를 '좋다' '나쁘다'로 구분하는 경향이 있다. 하지만 어떤 특정한 행성과 행성이 어스펙트를 맺고 에너지를 교환할 때 어떤 일이 벌어지는가를 이해하는 것이 중요하다. 행성들이 플로잉 어스펙트로 연결되어 있음에도 불구하고 그 에너지가 부정적으로 표현되는 경우가 많고, 챌린징 어스펙트로 연결되어 있어도 엄격한 전통적인 관점에서는 플로잉 어스펙트에서나 나타날 수 있는 에너지를 상당히 긍정적으로 표현하는 사람이 많다는 것은 부정할 수 없는 사실이다. 이런 이유 때문에 이 책에서는 챌린징 어스펙트와 플로잉 어스펙트를 구별하지 않고 행성 상호간의 에너지 교환 양상에 대해서만 언급했다.

다음에 이어지는 가이드라인에서 어떤 두 행성이 플로잉 어스펙트와 챌린징 어스펙트를 이루었을 때의 눈에 띄는 차이를 가끔 언급했다. 그러나 확실히 그렇게 비교가 된다고 느끼는 부분에서만 그 차이를 언급했다. 그리고 어떤 특정한 유형 및 그룹의 어스펙트의 일반적인 의미를 요약하는 데 특별히 유용한 짤막한 설명을 여기저기에 곁들였다. 이 설명들은 필자가 천문 해석을 가르칠 때 대단히 유용하다는 사실을 확인했다. 또한 필자가 모든 어스펙트들 간의 차이를 배울 때 프랜시스 사코이안Frances Sakoian의 강의가 얼마나 큰 도움이 되었는지를 밝혀 둔다. 20년 전 쯤에 그녀의 강의를 들었는데, 아마 다음에 이어지는 가이드라인의 부분 부분에 그녀가 말한 내용이 거의 그대로 인용된 경우도 많을 것이다. 지금은 프랜시스와 다른 천문 해석가의 이야기가 필자의 관찰 결과와 너무 깊이 통합되었기 때문에 이것은 누구에게 배웠고 저것은 누구에게 배웠다고 밝히기가 불가능하다.

썬의 어스펙트

썬의 어스펙트는 육체적인 활력과 자기표현을 얼마나 쉽게 할 수 있느냐에 강한 영향을 미친다. 또한 무엇이 창조성을 자극하고 자신을 무엇과 동일시하는가, 그리고 에고가 어떻게 하면 만족할 수 있는가 등에도 큰 영향을 준다. 썬과 컨정션된 행성은 전체적인 자아 정체성의 기본적인 부분이 무엇인지를 보여 준다. 일반적으로 썬과 플로잉 어스펙트를 맺은 행성은 잘 살고 있다는 느낌을 갖는 데 도움을 주며, 챌린징 어스펙트를 맺은 행성은 잘 살고 있다는 느낌을 갖기 위해서 조정하고 극복해야 할 장애물이 무엇인지를 보여 준다.

☉☽ 썬-문의 상호 작용

(문의) 정서적인 안정에 대한 욕구와 (썬의) 자기를 창조적으로 표현하려는 에너지가 상호 작용을 한다. 곧 (정서적으로) 편안하고 자신 있게, 자신의 개성을 창조적으로 표현할 수 있는가 그렇지 못한가와 관련된 에너지 상황을 발생시킨다.

자아상을 어느 정도 활기 넘치게 표현할 수 있을지에 영향을 준다.

썬과 문의 어스펙트는 자의식, 건강, 자신감 등에 막강한 영향력을 미치므로 그 유형에 상관없이 대단히 중요하다. 썬과 문의 에너지 교환이 조화로우면 자신의 최고의 모습과 가장 중요하게 여기는 목표나 뜻을 자신 있게 표현할 수 있도록 느낌 차원의 지원을 받게 된다. 챌린징 어스펙트는 본능적인 느낌과 자의식을 창조적으로 자유롭게 표현하는 것이 방해받고 있는 상황을 보여 주는 경우가 많다. 특히 스퀘어나 어퍼지션인 경우에는 스스로 만족스럽기 어렵고 마음속에 늘 긴장이 있는 것처럼 보이는 경우가 많다.

썬-머큐리의 상호 작용

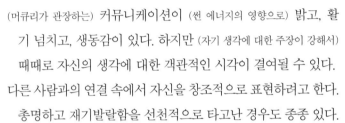

(머큐리가 관장하는) 커뮤니케이션이 (썬 에너지의 영향으로) 밝고, 활기 넘치고, 생동감이 있다. 하지만 (자기 생각에 대한 주장이 강해서) 때때로 자신의 생각에 대한 객관적인 시각이 결여될 수 있다. 다른 사람과의 연결 속에서 자신을 창조적으로 표현하려고 한다. 총명하고 재기발랄함을 선천적으로 타고난 경우도 종종 있다.

썬과 머큐리는 28도 이상 떨어지지 않으므로 컨정션과 세미섹스타일만 있을 수 있다. 어떤 행성이 태양에 너무 가까이 붙으면 그 힘을 완전히 잃는다는 뜻으로 '컴버스트combust'되었다고 하는 오래된 견해가 있지만, 필자는 이 견해가 완전히 잘못된 생각이라고 본다. 일례로 머큐리가 썬과 컨정션되어 있는 사람 중에 대단히 총명한 사람들이 자주 발견된다.

썬-비너스의 상호 작용

즐거움과 기쁨을 추구하는 (비너스의) 욕구와 무언가를 창조하려는 (썬의) 욕구가 결합한다. 그래서 예술적인 충동으로 나타나는 경우가 많다.

다른 사람들과 에너지를 교환하며 교감할 때 자의식이 고취되며,

친절하고 부드러운 모습을 띠는 경우가 많다.

썬과 비너스는 47도 이상 떨어지지 않으므로 컨정션, 세미섹스타일, 세미스퀘어semi-square(45도)만 있을 수 있다.

썬-마스의 상호 작용

(마스의) 욕망이 (썬의) 창조적인 생명 에너지를 자극하여 타오르게 한다. (썬의) 개체성을 유지하는 파워가 (마스의) 욕망을 끊임없이 활성화시킨다.

육체적인 에너지와 주인공의 본질적인 자아가 융합되어 강한 역동성과 행동하려는 욕구를 만들어 낸다.

썬과 마스의 모든 어스펙트는 생명력을 크게 활성화시킨다. 그래서 자기를 적극적(공격적)으로 표현하려는 충동이나 자기를 증명하려는 강한 충동으로 나타나는 경향이 있다. 에고의 욕망을 충족하려는 욕구를 강하게 표현함으로써, 오만한 모습으로 나타나는 경우도 종종 있다. 새로운 영역에서 무언가를 성취하려는 당당한 용기와 리더십과 대담하고 창조적인 행동으로 나타나는 경우도 있다.

썬-주피터의 상호 작용

(썬의) 인정받고 싶어 하는 욕구와 자신의 한계를 넘어서 보다 큰 무엇이 되려는 (주피터의) 확장하려는 충동이 상호 작용한다.

(신 또는 우주적인 섭리에 대한) 믿음과 은총에 대한 열린 자세를 취하게 한다.

썬과 주피터의 모든 어스펙트는 다른 사람의 눈길을 끌 수 있는, 무언가 큰일을 함으로써 자기만족을 얻으려는 경향에 영향을 준다. 이 어스펙트는 무대 활동이나 큰 사업을 하는 사람들에게서 흔히 볼 수 있다.

☉♄ 썬-쌔턴의 상호 작용

(썬의) 존재하려는 충동과 창조하려는 충동이 (쌔턴의) 안정에 대한 욕구와 결합한다. 현실적인 안정을 유지하려는 보수적인 성향이 자신에 대한 믿음과 만족감을 느끼기 어렵게 하는 경우가 종종 있다.

안전과 안정에 대한 욕구가 존재의 기본적인 분위기를 형성하며, 같은 또래보다 나이가 더 들어보이게 만든다. 어릴 때부터 그럴 수 있다.

쌔턴과 썬의 어스펙트는 심지어 트라인이나 섹스타일인 경우에도 주인공을 어렵게 만드는 경우가 자주 있다. 주인공 스스로 자신의 한계와 결점을 예민하게 자각하며, 대개는 그것을 실제보다 과장해서 느끼며 자책하고 자기를 억압하기까지 한다. 방어하려는 경향과 자신이 가치 없는 존재라는 느낌 때문에 독창성과 사랑(애정)을 자유롭게 표현하지 못할 수 있다. 자신을 현실적으로 이해하지 못하기 때문에(대개는 자기를 과소평가하기 때문에) 자기표현이 억제될 수 있는데, 세월과 경험만이 이런 문제를 풀 수 있는 열쇠를 제공할 것이다. 책임을 수행하면서, 현실에서 구체적인 결과들이 나타나는 것을 보면서 자신의 진정한 가치를 알게 될 것이기 때문이다.

썬-유레너스의 상호 작용

(썬의) 방사하는 내적인 자아와 (유레너스의) 변화, 자극, 실험 정신, 반항심 등이 융합된다. (유레너스의) 이런 자유를 마음껏 표현할 수 있을 때 (썬의) 활력이 솟는다.

주인공의 개성은 인습에 구애받지 않는 매우 창의적인 독창성을 띠는 경우가 많다.

유레너스와 썬이 어떤 어스펙트로든지 연결되면 인습에 얽매이지 않는 자유로운 모습이 두드러지게 나타나며, 완고한 자기중심적인 성향을 보이는 경우가 많다. 생동감이 넘치고 자극적이기 때문에 사람들의 흥미를 끌지만, 스스로는 사람들이 자기를 오해하고 있다거나 전혀 이해하지 못한다고 느끼는 경우가 종종 있다. 그들의 이런 느낌은 대개 사실과 부합하는데, 이들이 전혀 예측할 수 없는 사람이기 때문에 사람들이 이해하지 못하는 부분도 있다. 일반적으로 이들은 자기만의 독특한 확신을 용감하게 갖고 있으며, 최선의 경우 어디에 미친 사람들이 보여 주는 순수함과 솔직함을 지니고 있기 때문에 사람들을 당혹스럽게 하면서도 존경심을 느끼게 하기도 한다. 단조롭고 지루한 것을 싫어하기 때문에 대부분의 사람들은 유지하기를 원하는 (안정된) 상태를 걷어차 버리고 변화를 위해서 변화를 갈망하는, 칼 페인 토비Carl Payne Tobey가 '떠돌이 정신hobo spirit'이라고 부른 모습을 종종 보여 준다.

썬-넵튠의 상호 작용

(썬의) 자아 정체성과 기본 의식이 (넵튠의) 상상과 이상주의 또는 영적인 추구를 통해서 물질 차원을 초월하려는 충동과 융합된다.

영적인 차원에 대한 체험과 이해가 자기표현을 물들인다. 그로 인해서 개체적인 자아에 대한 느낌이 혼돈스러울 수 있다.

썬과 넵튠의 어스펙트를 갖고 있는 사람은 자신의 능력과 가치를 과대평가하거나 과소평가하는 경향이 있기 때문에, 자기를 현실적으로 명확하게 알기 위해서는 다른 사람들의 정직한 피드백이 필요하다.

 ### 썬-플루토의 상호 작용

(썬의) 인생에 대한 인식이 (플루토의) 깊은 체험과 완전한 재탄생에 대한 강력한 충동에 물든다.

자기 자신이나 외부 세계를 개혁하고 변형시키려는 데에 내적인 자아의 의지력이 집중된다.

플루토와 썬이 거의 정확한 어스펙트를 맺은 사람은 차트의 다른 부분에는 전혀 그런 암시가 없을지라도, 상당히 심오한 통찰력과 진지한 모습을 보이며 인생의 어둡고 가혹한 측면에 대한 인식을 갖는다. 또한 철저함과 버티는 힘이 막강하지만 평소에는 겉으로 잘 드러나지 않기 때문에 가끔 사람들을 깜짝 놀라게 만드는 경우가 있다.

썬-어센던트의 상호 작용

외부 세계를 향해서 진정한 자기 자신을 얼마나 잘 표현할 수 있는지가 인생 전체의 중심 과제가 된다.

창조하려는 충동과 자유롭게 자기를 표현하려는 욕구가 행동을 유발시키며, 다른 사람이 무시할 수 없을 정도의 영향력을 발휘한다.

문의 어스펙트

문의 어스펙트는 자아상이 얼마나 긍정적이고 사실과 부합하는가, 내적인 확신과 안정감이 어느 정도인가를 보여 줄 뿐만 아니라, 깊은 느낌을 어떻게 표현하고 창조적인 상상력을 어떻게 사용하는가를 보여 준다. 또한 일상적인 체험에 적절하고 건설적으로 반응하는가? 아니면 적절치 않고 혼돈스럽게 반응하는가? 무엇이 감정 상태를 평온하게 하며 무엇이 혼란스럽게 하는지 등을 명확하게 보여 준다. 문의 싸인과 하우스 그리고 어스펙트는 밀물과 썰물처럼 흘러 들어오고 흘러 나가는 삶의 흐름에 어떻게 반응하고 어떻게 적응하는지를 상징적으로 보여 준다. 문과 챌린징 어스펙트라면 다른 어떤 행성의 챌린징 어스펙트보다 그 결과를 예측하기가 쉽다. 플로잉 어스펙트 역시 마찬가지이며, 이 경우에는 문 에너지가 거의 확실하게 보다 긍정적이고 기분 좋고 편안하게 표현된다.

이 말은 문의 챌린징 어스펙트의 영향을 어떻게든 조정할 수 없다는 뜻이 아니다. 문이 지배하는 감정에 휘말리지 않고 객관성을 유지하며 행동할 수 있는데, 플로잉 어스펙트인 경우에는 그런 객관성이 자연스럽게 주어지지만 챌린징 어스펙트인 경우에는 객관성을 유지하려면 '노력을 기울여야' 한다는 말이다. 문은 실제로 '자신에 대한 객관성'이 어느 정도인지를 가늠할 수 있는 열쇠다. 문이 친화성 있는 싸인에서 다른 행성들과 플로잉 어스펙트를 맺고 있다면 자신에 대한 객관적인 시각을 자연스럽게 지니게 되며, 따라서 실제에 부합되는 정확한 자아상을 갖게 된다. 그러나 문이 챌린징 어스펙트를 통해서 스트레스를 받고 있다면 객관적인 자세를 유지하기가 어려우며, 모든 것을 자기만의 방식으로 받아들이기가 쉽다. 그래서 변화하는 환경에 쉽게 적응하지 못하며, 어스펙트를 맺고 있는 행성과 그들의 싸인과 하우스가 암시하는 영역에서 자아상이 왜곡되는 경우가 많다.

문이 다른 어떤 행성과 컨정션되면 그 행성이 담당하는 인생 영역에 대한 자각과 객관성이 현저히 떨어지는 것이 보통이다. 이 말은 문과의 컨정션은 모두 챌린징 어스펙트라는 뜻이 아니라, 문과의 컨정션이 암시하는 상황이 무의식적으로 자동적으로 나타난다는 것을 의미한다. 어떤 경우에는 이런 컨정션이 거친 인생을 헤쳐 나가는 데 큰 도움이 되는 축복으로 작용한다. 예를 들어 문이 비너스나 주피터와 컨정션된 경우도 그런 예에 속할 것이다.

문의 챌린징 어스펙트에 대해서 로버트 C. 잰스키Robert C. Jansky는 다음과 같이 말한다. "문이 썬이나 머큐리나 비너스와 챌린징 어스펙트를 맺고 있으면 자신이 느끼고 있는 것을 표현하기 어렵다는 느낌을 갖게 하고, 그 외 다른 행성들과의 챌린징 어스펙트는 (문과 어스펙트를 맺고 있는 행성들이 상징하는) 삶이 요구하는 것들에 적절히 대처하는 것이 어렵다는 느낌을 갖게 한다."

 ### 문-머큐리의 상호 작용
감정과 생각이 끊임없이 상호 작용하며, 스스로 자기 의견을 (감정적으로) 열렬히 지지하도록 자극한다.

합리적인 사고가 느낌으로 인한 판단과 섞이거나, 느낌이나 주관적인 선입관 때문에 합리적인 사고가 불가능해질 수 있다.

 ### 문-비너스의 상호 작용
다른 사람과 자발적으로 무언가를 주고받는 능력이 도움을 받거나 방해를 받는다. 다른 사람과의 관계에서 적절하게 민감할 수도 있고 과민할 수도 있다.

감각적인 즐거움과 모든 사회적인 교류에 대한 강한 욕구가 있다.

☽☌ 문-마스의 상호 작용

욕망을 이루기 위해서 행동하려는 본능적인 갈망에 강한 감정 반응이 결합한다.

욕망을 충족하려는 욕구가 감정 상태의 영향을 받고, 욕구의 충족 여부가 자신이 잘하고 있다는 감정 상태에 강한 영향을 미친다.

☽♃ 문-주피터의 상호 작용

자기를 초월한 보다 큰 법칙에 연결되어 있음을 감정 차원에서 느낀다. 다른 사람의 행동에 대해서는 매우 관대하지만 생각이나 관념에 대해서는 그렇지 않을 수 있다.

잠재의식 속에 확장에 대한 낙관적인 견해가 자리 잡고 있을 수 있고, 감정 반응이 열광적일 수 있다.

문과 주피터의 어스펙트는 일반적으로 매우 '낙천적'이고 관대한 기질을 부여하지만, 지나치면 허황된 자아상이나 지나친 자의식으로 발전하기도 한다. 이런 사람은 자기가 다른 사람들에게 심어 주는 인상이나 영향에 대단히 많은 관심을 기울이며, 사소한 일에도 지나치게 감정적으로 반응하는 경우가 많으며, 대개 옷을 입거나 돈을 쓰는 일에 절제가 없으며 일상적인 습관이 사치스럽다.

문-쌔턴의 상호 작용

가정과 관련해서, 책임을 잘 수행하고 구체적인(물질적인) 성취를 통해서 안정을 취하려고 한다.

자기가 잘하고 있다는 느낌을 갖기 위해서 늘 엄격한 노력을 기울이려고 한다. 그래서 감정 표현을 억제하는 경우가 많다.

문과 쌔턴의 어스펙트가 있는 사람은 자신감 부족과 방어적인 성향이 두드러지는 경우가 많다. 다른 사람이 비판을 하지 않음에도 불구하고 스스로 비난받고 있다고 생각하는 일이 있고, 그래서 다른 사람의 긍정적인 피드백에도 마음을 잘 열지 않는다. 특히 챌린징 어스펙트라면 어린 시절 환경이 억압적이고 외롭거나 무거운 짐을 지게 되는 경우가 많다.

문-유레너스의 상호 작용

감정 반응이 늘 독특하고 예측할 수 없는 색조를 띤다.

억제를 받지 않고 거리낌 없이 자기를 표현하고 싶어 하며, 이런 욕구가 내적인 평화와 안정감을 유지하는 일과 깊이 관련된다.

문과 유레너스의 어스펙트 효과는 때때로 아주 이상하고 극적인 방식으로 나타난다. 과거의 환경이나 부담을 모두 떨쳐 버리고, 완전히 새로운 사람으로 변하고 싶은 괴로운 갈망을 지니고 있는 경우도 있다. 과거에서 벗어나고픈 욕구가 너무 강하기 때문에, 과거의 자아상을 지우기 위해서 상징적인 행위로 이름을 바꾸기도 한다. 문과 유레너스의 어스펙트가 있는 사람은 과거(문)와 미래(유레너스)에 대한 자각이 너무 강렬하기 때문에 현재에 만족하기가 쉽지 않다. 강렬한 자극과 흥분이 있을 때 만족스러워하기 때문에 때로는 심각할 정도로 편안한 안정을 취하지 못한다. 하지만 그런 자극은 심신을 피곤하게 할 수 있다!

문-넵튠의 상호 작용

물질세계의 한계를 벗어나려는 충동에 감정 반응이 가세한다. 어떤 이상을 위해서 한없이 헌신할 수 있다.

(문의) 자아상이 (넵튠의) 영적인 차원을 깨닫기 위한 노력과 융합되며, 영적인 이상에 초점을 맞출 수 있을 때 감정이 안정된다.

문-플루토의 상호 작용

감정 반응이 (알 수 없을 정도로) 깊고 심오하다. 완전한 내적인 변형과 재탄생이 정서적인 평온을 가져다준다.

감정과 의지력을 집중해서 반응 패턴을 다시 짜고, 과거의 느낌과 과거의 자아상을 지울 수 있을 때 내면의 만족을 얻을 수 있다.

문과 플루토의 어스펙트, 특히 챌린징 어스펙트를 갖고 있는 사람의 경우 부모에 대한 감정과 태도에 대한 연구는 상당히 흥미 있는 주제가 될 수 있다. 필자는 문과 플루토가 컨정션이나 어퍼지션이 되어 있는 사람 중에 어머니에 대해서 강박적인 느낌을 갖고 있는 사람을 많이 보았다. 그들은 자신들의 그런 느낌에 매우 혼란스러워하며, 부모가 되는 것 또는 부모 노릇을 하는 것을 대단히 두려워하는 경우도 많았다. 어떤 경우에는 결혼 생활에 아무 문제가 없음에도 불구하고 자식을 낳아 기르는 것을 철저하게 거부하는 사람도 있었다. 안정에 대한 강박적인 욕구를 갖고 있으면서, 자식에게 의존하게 되거나 잃게 될 것을 몹시 두려워하는 사람도 있었다. 또한 어린 시절에 부모 중 한사람으로부터(대개는 어머니로부터) 거부당한 느낌을 갖고 있는 사람도 있다.

문-어센던트의 상호 작용
삶에 직관(직감)적으로 대처하는 경향이 있으며, 기분이 대단히 민감하게 환경의 영향을 받는다.

감정과 안정에 대한 욕구가 외부 세계를 향해서 자기를 표현하는 방식에 영향을 미친다. 일상생활에서 무의식적인(감정적인) 성향을 표출하는 경향이 있다.

머큐리의 어스펙트

머큐리의 어스펙트는 주인공의 지적인 수준을 가늠할 수 있는 지표라기보다는(일부 해석자나 관련 책에서는 그렇게 말하기도 한다), 자기 생각을 표현하고 전달하는 능력이 어떤지를 볼 수 있는 좋은 지표다. 머큐리가 (어스펙트를 통해서) 특별히 활성화되어 있지 않음에도 불구하고 대단히 지적인 조용한 사람들이 있다. 머큐리의 어스펙트는 의식적인 마음이 어떻게 작용하는가, 생각의 흐름을 어떻게 표현하고 전달하는가를 보여 준다. 머큐리는 또한 정신과 육체의 모든 기능이 얼마나 잘 연결되어서 협력하는지를 보여 주는 중요한 지표다. 일반적으로 머큐리가 신경계통을 관장하는 것으로 여긴다. 운동선수들의 경우 대개 머큐리의 어스펙트가 강하게 나타난다(특히 컨정션이 많다). 그러나 이것은 마음과 몸의 협력 곧 운동신경이 특별히 발달해 있음을 보여 주는 것이지, 결코 지적인 능력이 발달해 있다는 뜻이 아니다.

머큐리-비너스의 상호 작용

다른 사람을 이해하고 나누고자 하는 욕구가 자신의 지성을 표현하려는 충동을 고조시킨다.

지적인 수준의 조화와 균형을 통해서 곧 편안한 대화와 교류를 통해서 상대방과 친밀감을 느끼려고 한다.

머큐리-마스의 상호 작용

육체적인 에너지가 의식적인 마음과 결합해서 의식 활동이 활발해지거나 지성이 활성화된다. 눈과 손의 협동이 잘 이루어지는 경우가 많다.

단호하게 행동하려는 욕구가 무엇을 배울 때 그리고 의사소통을 할 때 집중할 수 있도록 돕는다.

머큐리-주피터의 상호 작용

사고방식과 의사소통하는 양태가 폭이 넓고 확장 지향적인 낙천성을 띤다. 지적인 호기심이 풍부하고 철학적인 관심사가 광범위하다.

여러 가지 관심사를 폭넓게 탐색하고자 하며, 다른 사람들과 미래를 위한 공통의 신념과 철학적인 합의를 바탕으로 관계를 확립하려는 욕구가 있다.

머큐리-쌔턴의 상호 작용

조심스러움, 체계적인 접근, 절제하려는 태도가 표현을 보다 객관적이고 명료하게 하려는 욕구와 결합한다. 기억력이 좋은 경우가 많다.

생각이 전통과 부합하고 질서가 있을 때 마음이 안정된다. 지적인 성향이 성실하고 끈기 있는 모습을 띤다.

머큐리-유레너스의 상호 작용

어디에 구애받지 않고 자기만의 독창성을 지향하려는 욕구가 지적인 기능과 언어 표현 방식에 영향을 준다. 마음이 세부 사항을 건너뛰면서 빨리 움직이는 경향이 있으며, 생각이 극단으로 치닫는 경우가 종종 있다.

매우 예민한 창의적인 지성이 여러 가지 생각을 새로운 방식으로 기발하게 연결한다. 생각이 굼뜬 사람이나 형식적이고 의례적인 교육을 못 견딘다.

머큐리-넵튠의 상호 작용

생각이 우주적인 테마나 상상의 세계로 향하는 경향을 보인다. 지적인 성향이 대단히 섬세하고 민감한 특징을 지닌다. 그런 지성으로 인식한 내용을 이상주의적으로 표현하려는 욕구가 있다.

머큐리-플루토의 상호 작용

모든 커뮤니케이션에서 핵심을 간파하고 통찰하려는 욕구가 작용한다. 지적인 기능이 강렬하고 집중력이 강하다.

금기를 깨는 한이 있더라도, 삶을 변형시키는 강렬하고 깊은 체험을 통해서 무언가를 배우려는 욕구가 있다.

머큐리-어센던트의 상호 작용

삶의 여러 정황에서 지적인 능력과 재주와 솜씨를 나타내 보이
려고 한다.

대화를 통해서 서로를 이해하고, 이질적인 것들을 서로 연결시키
려는 노력이 일상생활에서 대표적인 모습으로 나타난다.

비너스의 어스펙트

비너스의 어스펙트는 일대일 관계든지 사회적인 관계든지, 대인관계
에서 감정적인 만족을 얼마나 쉽게 얻을 수 있는지는 물론이고 대인관
계를 얼마나 잘 맺고 유지해 나갈 수 있는지에 중요한 영향을 미친다.
또한 즐거움을 잘 표현할 수 있는지, 즐거움에 대한 욕구는 어느 정도
인지에 대해 많은 정보를 제공해 준다. 비너스는 개인적인 취향과 사회
적인 품위와 세련미, 그리고 모든 예술을 관장한다. 애정을 잘 주고받을
수 있는지도 비너스의 어스펙트가 분명하게 보여 준다. 비너스가 다른
행성과 플로잉 어스펙트를 맺고 있으면 비교적 쉽게 애정을 주고받을
수 있다. 물론 어떤 식으로 주고받을 것이냐는 관련된 행성이 무엇이냐
와 비너스와 그 행성의 싸인과 하우스에 따라 달라진다.

비너스가 다른 행성과 스퀘어나 어퍼지션 등 챌린징 어스펙트를 맺
고 있다고 해서 사랑을 받을 수 없다거나 사랑의 감정을 느낄 수 없다
는 뜻이 아님을 분명히 해 둘 필요가 있다. 그렇게 보는 것은 아주 잘못
된 해석이다. 물론 비너스가 다른 행성과 챌린징 어스펙트를 맺고 있으
면 애정 표현이나 애정을 받아들이는 것을 억제하는 경향이 있는 것은
사실이다. 하지만 장애물이나 두려움을 명백히 인식하고 애정이나 사

랑의 에너지 흐름을 증진하려는 노력을 한다면 보다 큰 기쁨과 행복을 경험할 수 있을 것이다.

♀☿ 비너스-마스의 상호 작용

애정을 육체적으로 다이내믹하게 표현한다. 때로는 상당히 관능적인 형태로 나타난다.

즐거움과 조화를 경험하려는 욕구에 행동하려는 열망이 섞인다. 그래서 예술적인 표현 능력, 힘과 우아함을 결합하는 능력, 특히 운동선수 같은 육체적인 활동성이 발달한다.

비너스와 마스의 상호 작용은 애정 관계에 중요한 영향을 미친다. 플로잉 어스펙트는 비너스와 마스의 에너지가 표현되는 것을 서로 돕지만, 챌린징 어스펙트는 감정과 열정을 강렬하게 부추김으로써 문제를 일으키는 경우가 많다. 또한 상대방에 대해서 잘 참지 못하고 짜증을 내거나 변덕을 부리기 쉽다. '애정'을 쏟으며 '보살피려는' 태도를 취하지만 너무 퉁명스럽고 강압적으로 보이기 때문에 상대방은 그것을 사랑이나 애정이라고 보지 않는다. 메이저 어스펙트를 맺고 있지 않더라도 이들 두 행성 싸인의 원소 친화성 여부를 보면 주인공의 애정을 주고받는 능력에 대한 실마리를 잡을 수 있다.

♀♃ 비너스-주피터의 상호 작용

애정과 사랑을 개방적으로 관대하게 표현한다. 아름다움에 대한 감각이 아주 발달해 있는 경우가 종종 있다.

대인 관계에 임하는 태도에 모험을 즐기는 성향과 자기 증진에 대한 관심이 영향을 준다. 사람과의 관계에서 지나치게 감각적이거나 돈을 헤프게 쓰거나 감정 표현이 과할 수 있다.

비너스-쌔턴의 상호 작용

안전하고 안정되어 있다고 느낄 때 좀 더 쉽게 애정 표현을 할 수
있다. 성실성을 갖고 변함없이 애정을 유지한다. 그러나 두려
움을 지워 버릴 수 있을 때 깊은 사랑을 할 수 있다.

서로 책임을 지고 힘든 노력을 함께 해 나갈 때 친밀감을 느낀다
(친밀감을 느끼기 위해서 그런 요구를 한다). 결과가 보장되지 않으면
애정 표현을 주저하며, 확실성을 요구하는 이런 태도 때문에
사회생활에서 외로움과 우울함을 맛볼 수 있다.

비너스-유레너스의 상호 작용

자신의 개성과 흥분과 자유를 다른 사람들과 나누고 싶어 하는
욕구가 있다. 애정을 표현하는 방식이 갑작스럽고 격렬하며 상
대방의 기분에 둔감하고 자기중심적일 수 있다.

자기가 느끼고 싶어 하는 즐거움을 완전히 충족하기 위해서 독
특한 체험을 다양하게 경험하려고 한다. 그래서 진행 중인 관
계에 쉽게 싫증을 내고 상대방이 자기를 소유하려는 것을 싫
어할 수 있다.

비너스-넵튠의 상호 작용

이상적인 사랑을 갈구한다. 인간관계에서 꿈과 낭만과 예술 또
는 영적인 희열을 맛보려고 한다. 이유가 정확하지 않은 두려
움이나 도피주의 성향 때문에 진정한 관계를 맺는 것이 어려
울 수도 있다.

애정을 정제되고 섬세하게 표현할 수 있을 때 생명의 흐름에 동화되어 우주와 일체가 되었다는 느낌을 갖는다.

비너스-플루토의 상호 작용

(애정과 사랑과 관련해서) 사회적인 금기를 깨트리더라도 완전한 변형을 경험하고자 하며, 그런 과정을 통해서 자신의 가장 깊은 감정을 표현하고 싶어 한다.

애정과 취향이 체험의 핵심을 관통하고자 하는 충동에 물든다. 그래서 강렬하고 극단적인 감정 상태를 경험할 수 있다.

비너스-어센던트의 상호 작용

사회성과 애정과 관련된 문제가 주인공의 삶 전체에 큰 영향을 준다.

예술적인 감각과 세련된 취향으로 자기를 표현한다.

마스의 어스펙트

마스가 맺고 있는 모든 어스펙트는 힘, 체력, 정력, 과단성 있는 행동, 리더십, 새로운 영역에 도전하는 개척자 정신과 진취성 등에 영향을 미친다. 마스가 활성화된 영역에서는 인내심을 발휘하기가 몹시 힘들다. 그러나 이 물질세계에서 마스의 충동적이고 진취적인 행동이 최대의 결실을 거두기 위해서는 바로 그 인내심이 필요하다.

마스-주피터의 상호 작용

성적인 자극과 육체적인 흥분 또는 새로운 영역을 개척하는 흥분에 대한 욕구가 팽창되어 있다. 모험을 즐기려는 충동과 성취에 대한 욕구가 강하다.

자기를 향상시키고 다른 사람들이 삶을 개선하도록 목표를 고취시키려는 욕망을 갖고 진취성을 발휘한다. 자기가 선택한 분야에서 리더십을 발휘하는 경우가 많다.

 마스-쌔턴의 상호 작용

자기를 주장하는 에너지와 본능적인 에너지를 제어하면서 조직적으로 표현한다(또는 그렇게 할 필요가 있다). 에너지 사용을 절제하면서, 인내심을 발휘함으로써 목표에 도달하려고 한다.

육체적 및 성적 에너지와 리더십을 자기가 원하는 분명한 목표를 이루는 데 쓰려고 한다.

 마스-유레너스의 상호 작용

독립성을 주장하는 태도로, 독창적으로, 잘 참지 못하고 자기주장을 한다. 자유를 원하는 마음으로 인해서 반항적인 모습을 띠는 경우가 종종 있다.

육체적 및 성적 자극에 제약을 받고 싶지 않은 마음이 강하며, 삶의 모든 영역에서 늘 새롭고 자극적인 행동을 하기를 원한다.

마스-넵튠의 상호 작용

꿈과 이상을 좇아 행동하며 아득한 비전을 현실적으로 실현하는 능력이 있다. 높은 이상이 성취욕을 자극한다.

마음속에 늘 생생한 환상의 흐름이 있으며, 물질세계와 성적인 욕망을 초월하려는 충동을 느낀다. 가끔 '초자연적'이라고 할 수 있는 특별한 재능을 보이는 경우가 있다.

♂♇ 마스-플루토의 상호 작용

때로는 무자비할 정도의 단호한 행동을 통해서 상황을 변형시키고 장애물을 제거하려는 충동이 있다.

완전한 변형과 완전한 개혁을 향해서 의식적으로 의지력과 집중력을 몰입시킨다. 체험의 핵심을 파악하고 경험하기를 원한다.

마스-어센던트의 상호 작용

외부를 향해서 자기주장, 공격성, 개척 정신 등을 표현하려고 한다.

육체적 및 성적 에너지와 리더십 등이 자기표현 양상에 통합되어 있다.

주피터의 어스펙트

주피터는 어떤 행성과 어떤 어스펙트를 맺든지 그 행성의 에너지를 확장시키기 때문에 주의 깊게 살펴볼 필요가 있다. 주피터는 주인공이 어디서 무엇을 증진하고 최대한 발전시키려고 하는지 곧 그 에너지를 어디서 최대로 표현하려고 하는지를 보여 준다. 그러나 주피터의 확장성이나 낙관주의를 적절히 조절하지 못하면 어스펙트나 싸인이나 하우스가 암시하는 영역에서 지나치게 확장하게 만드는 경향이 있다. 하지만 적절하게 쓴다면 주피터가 제공하는 관대함, 긍정적인 태도, 광범위한 철학적인 접근 등으로 인해서 기품 있는 사람이라는 분위기를 보여줄 수도 있고, 낙관적이고 상승시키는 주피터 에너지의 도움으로 해당 분야에서 상당한 경지에 이를 수도 있다.

일반적으로 주피터가 퍼스널 플래닛(썬, 문, 머큐리, 비너스, 마스)이나 어센던트(또는 미드헤븐)와 맺은 어스펙트는 대단히 중요하다. 그러나 그 외의 행성과 맺은 어스펙트도 주피터가 어센던트나 썬 싸인이나 문 싸인의 룰러이거나 어떤 식으로든지 차트의 주요 테마와 밀접한 관련을 맺고 있는 경우에는 대단히 중요한 의미를 지닐 수 있다. 다시 말해서 차트의 세 가지 중요한 요소인 어센던트, 썬 싸인, 문 싸인 중에서 어느 하나라도 쌔저테리어스(또는 주피터가 넵튠과 공동으로 관장하는 파이씨즈)라면 주피터의 어스펙트의 효과가 두드러지게 나타나게 된다.

♃♄ 주피터-쌔턴의 상호 작용

(주피터나 쌔턴이 차트에서 어센던트나 썬 싸인이나 문 싸인 룰러라면 특별히 중요하다.)

보다 큰 질서를 추구하는 충동이 현실적인 안정을 꾀하려는 욕구와 결합하여 야망이 확장된다.

확장하려는 충동과 안전을 위해 기존의 구조를 유지하려는 욕구가 끊임없이 상호작용한다.

차트에서 쌔턴과 주피터 중에서 어느 쪽이 더 강하냐를 알면 쌔턴과 주피터가 맺은 어스펙트의 에너지 표현이 어떻게 나타날지에 대해서 더 많을 것을 알 수 있다. 주피터와 쌔턴의 챌린징 어스펙트는 주인공이 장기적인 목표를 달성하기 위해서 노력하는 것을 복잡하고 어렵게 만드는 경우가 종종 있다. 반면에 컨정션은 에너지 교환을 아주 조화롭게 하며, 야망에 강하게 집중하게 만드는 경향이 있다. 다른 챌린징 어스펙트는 충분히 확장되기 전에는 마음 속 깊은 곳에서 일이나 돈이나 기회가 부족하다는 느낌을 갖게 만드는 경우가 많다. 다루기가 힘들 정도로 너무 많이 가졌다는 느낌이나 너무 적게 가졌다는 느낌은 둘 다 마음을 힘들게 한다. 그러므로 주피터와 쌔턴이 챌린징 어스펙트를 맺고 있는 사람은 현재의 상황에 만족하면서 살아가는 법을 배울 필요가 있다.

♃♅ 주피터-유레너스의 상호 작용

(주피터나 유레너스가 차트에서 어센던트나 썬 싸인이나 문 싸인 룰러라면 특별히 중요하다.)

스케일이 큰 미래 계획과 믿음이 자극적으로 활성화되면서 개인주의적이고 인습에 개의치 않는 방식으로 표현된다.

변화, 실험(경험), 자극에 대한 욕구가 폭넓게 확대된다.

♃♆ 주피터-넵튠의 상호 작용

(주피터나 넵튠이 차트에서 어센던트나 썬 싸인이나 문 싸인 룰러라면 특별히 중요하다.)

자신의 사소한 개인적인 관심을 넘어서는 자기보다 큰 그 무엇과 하나되는 체험에 대한 욕구가 증대된다.

일상의 배후에 눈에 보이지 않는 세계가 실재함을 믿으며, 때로는 상상의 세계에 지나칠 정도로 깊이 빠져들거나, 현실에서 도망가고 싶다는 마음을 품거나, 의미 있는 영감을 경험하려고 한다.

♃P 주피터-플루토의 상호 작용

(주피터나 플루토가 차트에서 어센던트나 썬 싸인이나 문 싸인 룰러라면 특별히 중요하다.)

새로운 존재로 완전히 거듭나고 싶다는 욕구가 우주의 큰 질서를 탐구하게 만든다.

강력한 방식의 변형을 추구함으로써 자신을 개선하려고 한다.

주피터-어센던트의 상호 작용

일상생활에서 확장성, 신념, 관대함을 표현하려고 한다.

자기를 표현하는 방식이나 삶 전반에 믿음과 낙천성이 물들어 있다.

쌔턴의 어스펙트

쌔턴의 어스펙트는 에너지가 응집되는 곳과 주인공이 삶의 어떤 영역을 특히 신중하게 대하는지를 보여 준다. 또한 삶에서 주어지는 제약과 한계에 어떻게 대처하는지 보여 준다. 곧 자신의 힘과 권위를 한계 내에서 적절히 사용함으로써 상황을 좀 더 쉽게 헤쳐 나가는가, 아니면 너무 제한되어 있다고 느끼면서 자신을 제대로 표현하지 못하는가를 보여 준다. 만약 필요 이상으로 지나치게 억제하는 쪽으로 작용한다면 그 에너지를 자기를 훈련시키고 다듬는 쪽으로 돌릴 필요가 있다.

일반적으로 쌔턴이 퍼스널 플래닛(썬, 문, 머큐리, 비너스, 마스)이나 어센던트나 미드헤븐과 맺은 어스펙트는 대단히 중요하다. 그러나 그 외의 행성과 맺은 어스펙트도 쌔턴이 어센던트나 썬 싸인이나 문 싸인의 룰

러이거나 어떤 식으로든지 차트의 주요 테마와 밀접한 관련을 맺고 있
는 경우에는 대단히 중요한 의미를 지닐 수 있다. 다시 말해서 차트의
세 가지 중요한 요소인 어센던트, 썬 싸인, 문 싸인 중에서 어느 하나라
도 캐프리컨(또는 쌔턴과 유레너스가 공동으로 관장하는 어퀘리어스)이라면 쌔턴
의 어스펙트의 효과가 두드러지게 나타난다.

♄☿ 쌔턴-유레너스의 상호 작용

(쌔턴이나 유레너스가 어센던트나 썬 싸인이나 문 싸인의 룰러라면 특별히 중
요하다.)

독자적인 자기표현을 지향하면서, 자신의 비정통적인 새로운 아
이디어를 구체적인 형태로 현실화시킬 필요가 있음을 느낀다.
변화와 자극에 대한 욕구가 사회적으로 인정받고 싶은 욕구와
결합한다. 그래서 어스펙트가 암시하는 영역에서 (책임감과 자신
의 새로운 견해에 대한 엄격한 재평가를 통해서) 전통에 입각한 행동을
취하는 경향이 있다(또는 그럴 필요가 있다).

쌔턴과 유레너스의 어스펙트는 주인공의 모든 태도에 깊은 영향을
미칠 수 있다. 긍정적으로 나타날 경우 진보적인 생각과 현실성을 잘 결
합해서 새로운 멋진 모델을 만들어 낼 수 있지만, 두 에너지가 잘 통합되
지 않으면 자유와 새로운 것을 체험하는 자극을 원하면서도 현실에 대
한 집착을 버리지 못함으로써 새로운 것을 경험하는 것이 어렵게 된다.

♄♆ 쌔턴-넵튠의 상호 작용

(쌔턴이나 넵튠이 어센던트나 썬 싸인이나 문 싸인의 룰러라면 특별히 중요하다.)

절제되고 훈련된 태도로 영적인 갈망이나 이상을 추구하려고 한

다. 현실 지향과 초월 지향이 끊임없이 상호 작용하기 때문에 현실과 이상 사이에서 혼란을 겪을 수도 있고, 미묘한 영적인 실체를 구체적으로 파악할 수도 있다.

물질세계의 답답함과 무미건조함을 초월하고 싶은 충동이 있다. 이런 충동이 이상주의적인 포부를 품게 하고 그것을 실현하는 일에 헌신하게 만들 수 있다.

♄♇ 쌔턴-플루토의 상호 작용

(쌔턴이나 플루토가 어센던트나 썬 싸인이나 문 싸인의 룰러라면 특별히 중요하다.)

완전한 변형과 재탄생에 대한 욕구가 내면의 깊은 안정감과 연결된다. 그래서 과거의 망령을 떨쳐 버리기 위해서 열심히 노력해야 한다고 느낀다.

자신이 진정으로 원하는 것, 삶의 우선순위, 자기 행동의 진정한 동기 등을 매우 깊은 수준에서 이해하고자 하는 강박적인 욕구가 있다. 그런 욕구가 깊고 강렬한 야망이 되는 경우가 종종 있다.

쌔턴-어센던트의 상호 작용

외부를 향해서 야망이 있는 사람이며 책임감 있는 사람이라는 모습을 보이려고 한다. 삶을 대하는 태도 전반에 진지함과 현실성이 물들어 있다.

자제력 있고 신뢰할 만한 사람이라는 모습을 나타내 보인다.

어센던트의 어스펙트

어센던트는 주인공의 삶을 대하는 전반적인 태도와 겉으로 드러나는 모습에 영향을 주기 때문에, 어센던트의 어스펙트는 대단히 중요하다. 그러나 무엇보다도 출생 시간이 정확해야 한다. 어센던트와 하우스 커스프는 대략 4분마다 1도씩 바뀐다. 그러므로 어센던트와 정확한 어스펙트를 맺고 있는 경우라도 출생 시간이 30분 정도 틀렸다면 정확한 어스펙트에서 7도 이상 벌어지게 된다.

어센던트와 거의 정확한 어스펙트를 맺고 있는 행성이 있다면 그 행성의 속성이 라이징 싸인의 에너지 표현에 완전히 융합되어 표현된다. 이런 사실을 출생 시간이 얼마나 정확한지를 판별하는 하나의 기준으로 쓸 수도 있다. 예를 들어 차트에서 어떤 행성이 어센던트에 거의 정확하게 컨정션되어 있는데 그 행성의 에너지가 주인공의 개성에 전혀 나타나지 않는다면 출생 시간이 잘못된 것일 가능성이 아주 크다.

유레너스-어센던트의 상호 작용

외부 세계를 향해서 독특함과 독자적인 모습을 나타내 보이려는 욕구가 있으며, 행동이 전통에 구애받지 않으며 예측할 수 없는 경우가 많다.

독창성, 개인주의, 새롭고 자극적인 것에 대한 갈망이 자기표현 양상에 통합되어 있다.

넵튠-어센던트의 상호 작용

동정심과 상상력 또는 영적인 모습을 표현하려는 욕구가 있으며, 그런 분위기가 삶을 대하는 태도 전체를 물들인다. 육체가 외부의 영향을 아주 민감하게 받는 경향이 있다.

환상, 꿈, 영감 등이 자기표현 양상에 통합되어 있다.

플루토-어센던트의 상호 작용

강렬함, 내밀한 사생활, 꿰뚫어 보는 통찰력 등이 삶을 대하는 전
반적인 태도를 물들인다.

모든 것을 변형시키는 억제할 수 없는 힘이 자기표현 양상에 통
합되어 있다. 좋은 쪽으로 나타나든지 나쁜 쪽으로 나타나든지
강인한 의지력을 내보인다.

외행성의 어스펙트

외행성의 어스펙트는 지금까지 설명한 다른 행성들의 어스펙트 안
에 모두 포함되어 있지만, 해석을 위한 가이드라인을 제공한다는 이 책
의 목적에 어울리도록 일반적인 의미를 간략하게 설명하는 것이 좋을
듯싶다.(외행성의 어스펙트가 지닌 더 깊은 의미와 외행성과 퍼스널 플래닛 간의 상호
작용에 대한 심층적인 연구에 대해서는 필자의 책『Astrology, Karma & Transformation』
6장과 4장을 참조)

 ### 유레너스의 어스펙트

유레너스는 무엇을 만나든지 전기를 띠게 하고 속도를 높여 격
정적이고 돌발적인 행동과 급격한 변화가 일어나도록 한다. 인
생의 어떤 영역에서든지 흥분을 유발하며 전통과 규율을 깨도록
자극한다. 유레너스는 무엇을 만나든지 흥분과 자극을 갈망하게

함으로써 불안정해지도록 만든다.

넵튠의 어스펙트

넵튠은 무엇을 만나든지 정화시키고 민감도가 높아지도록 만든
다. 만나는 것을 이상적이고 영적으로 변화시키기도 하지만 단
지 속이기만 하는 경우도 있다. 인생의 어떤 영역에서든지, 넵튠
은 마법적인 분위기와 상상력과 영감을 고취시킨다. 넵튠은 주
인공이 이런 에너지를 현실 세계에서 건전한 자세로 효과적으
로 쓸 수 있든지 없든지 상관없이 자신의 이런 에너지를 전한다.

플루토의 어스펙트

플루토는 무엇을 만나든지 그 에너지를 강렬하게 증폭시키고 굳
은 의지력을 갖게 만든다. 만나는 것에 깊이와 철저함을 부여하
고, 낡거나 필요 없어진 패턴이나 습관이나 행동을 제거하려는
충동을 일으킨다. 또한 정신력과 의지력으로 자신을 개조할 수
있는 힘을 준다. 이 힘을 긍정적으로 쓴다면 (플루토의 어스펙트가 암
시하는 분야에서) 막강한 자기 제어력을 발휘해서 내면과 외부 세계
를 새롭게 할 수 있지만, 그렇지 못한 경우에는 힘이 곧 정의라는
잔인무도한 태도로 나타날 수도 있다.

9장
차트 종합을 위한 가이드라인

"천문 해석은 우주를 거대한 통일체로 인식하는 심원한 감각으로 부터 시작되었다."

— 괴테

차트를 '분석'하는 기술만 가지고는 '종합'을 할 수 없다. 차트의 통일성과 의미를 한눈에 알아차리기 위해서는 많은 리딩 경험과 타고난 직관력이 어느 정도 필요하다. 그래서 차트 종합은 가르쳐 줄 수 있는 것이 아니다. 그럼에도 불구하고 초보자나 중급자들에게 큰 도움이 될 만한 몇 가지 가이드라인이 없는 것은 아니다. 물론 이런 가이드라인을 언급하고 있는 책이 상당히 드물지만. 차트를 종합하는 핵심 가이드라인을 알고 있으면, 몇 년을 공부하고도 차트를 어디서부터 어떻게 해석해야 할지 막막한 상태에 머물러 있거나 종합되지 않은 여러 정보로 인해 혼란스러워지는 것을 피할 수 있을 것이다.

차트를 구성하는 모든 요소를 하나의 살아 있는 통일체로 보는 전체론적인 관점의 중요성을 인식하는 것이 중요하다. 이런 인식은 10년이나 15년 전보다 훨씬 더 필요해졌다고 볼 수 있다. 컴퓨터를 사용해서 차트를 구성하는 요소들을 계산하는 일이 점점 더 보편화되면서, 차트의 여러 요소를 낱낱이 분석한 엄청난 양의 개별적인 정보를 '해석'이라고 잘못 생각하게 되는 경우가 많기 때문이다. 차트를 종합하고 전체적인 시각을 얻는 것은 컴퓨터로는 결코 할 수 없는 일이다. 물론 종합하기 위해서는 여러 요소를 개별적으로 해석한 자료가 필요한 것은 사실이다. 하지만 전체는 부분의 합 그 이상이다. 천문 해석을 배우는 입문자는 부분적인 데이터를 세밀하게 분석하는 일부터 시작할 수밖에 없지만, 차트의 특정 요소들이 주인공의 삶에서 어떻게 상호 작용하는지를 한눈에 알아볼 수 있기 위해서는 오랜 시간과 경험이 필요하다. 이런 일이 가능해질 때 비로소 전문적인 상담가로서의 자격을 갖췄다고 할 수 있을 것이다.

이러한 수준에 도달하는 것은 쉬운 일이 아니다. 사람에 따라서는 다른 사람보다 빨리 요령을 '포착'하겠지만, 그럼에도 불구하고 꽤 많은 노력을 기울여야만 한다. 차트를 전체적인 관점에서 보는 것은 일종의 예술이다. 천문 해석의 기본을 배우는 사람은 많지만 이런 예술적 관점에까지 이르는 사람은 소수에 불과하다. 차트 종합은 책으로는 배울 수 없다. 차트를 종합하는 진정한 목적은 단지 차트만을 이해하려는 것이 아니라, 사람 곧 '차트 주인공' 인생의 중요한 테마를 이해하는 데 있다. 그러므로 차트를 종합하는 가장 기본적인 방식은 주인공의 중요한 인생 테마를 반영해 주고 있는 차트의 주요 테마를 알아보는 방법을 배우는 것이다. 아래에서는 그런 테마를 어떻게 알아보는지에 대해서 이야기해 보려고 한다.

앞에서 말한 것처럼, 진정한 차트 종합은 책으로는 배울 수 없다. 그럼에도 불구하고 전체적이고 유연하면서도 역동적인 해석으로 독자를 인도하는 책이 몇 권 있다. 먼저 출생 차트를 전체적인 관점에서 바라보는 현대적인 접근 방식을 개척한 데인 러디아르의 여러 작품을 읽어 보기 바란다. 또한 찰스 카터Charles Carter의 『Essays on the Foundations of Astrology』에 있는 싸인과 다른 요소들의 조합에 대한 진귀한 보석 같은 자료도 읽어 볼 것을 권장한다. 아마 차트를 종합하는 데 큰 도움이 될 것이다. 트레이시 마크Tracy Mark의 『The Art of Chart Interpretation』은 차트의 여러 요소를 중요성에 따라서 순위를 매겨가면서 종합할 수 있도록 단계적으로 이끄는 몇 안 되는 책 중에 하나라고 할 수 있다. 여기서 필자가 소개하는 책 외에도 차트 종합을 위한 중요한 자료를 담고 있는 다른 책들이 분명히 있을 것이다. 그래서 필자는 될 수 있는 대로 폭넓은 독서를 하고, 자기가 책에서 읽은 것을 실제 해석에 적용해 보면서 정확한 해석 방식을 스스로 찾아 나가기를 권한다.*

이 책의 구조와 순서는 차트의 다양한 요소들의 상대적인 중요성을 바라보는 필자의 시각을 반영한 것인데, 그대로 따라도 거의 틀림이 없으리라 본다. 이 책 처음에 4원소를 다루었는데, 어떤 차트를 해석하든지 가장 먼저 고려해야 된다는 생각에서 그렇게 한 것이다. 4원소 다음에는 행성들이 어떤 싸인에 들어가 있느냐가 중요하기 때문에 그 다음에 다루었다. 모든 행성은 자기가 들어가 있는 싸인의 '음조' 또는 '색조'에 물든다. 그래서 어떤 행성이 들어가 있는 싸인이 늘 그 행성의 지배적인 '기본' 음조가 된다. 그러나 다음에 설명할 이유들로 인해서 행성 에너지 표현에 다른 음조가 가미된다.

---

* 차트 종합에 관련된 여러 요소를 다루고 있는 필자의 다른 책들도 있다. 어떤 독자는 필자의 여러 책에 묘사된 설명에 대해 "종합 감각 곧 모든 에너지가 어떤 방식으로든지 다른 에너지와 상호 교류하고 있다는 감각이 곳곳에 배어들어 있다"고 친절하게 편지를 보내왔다. 특히 『Astrology, Psychology & the Four Elements』에는 차트를 종합하기 위해서 필수적으로 고려해야 되는 4원소의 균형을 평가하는 것과 관련된 중요한 자료들이 많이 포함되어 있다. 또한 『The Jupiter-Saturn Conference Lectures』 7장에서는 온전히 차트 종합이라는 주제만을 다루었다. 그리고 『Practice & Profession of Astrology』 5장에서는 차트 종합의 토대가 되는 몇 가지 중요한 원칙을 설명했다. 이 밖에도 상당한 양의 중요한 자료들이 천문 해석을 상담에 효과적으로 사용하는 방법 등을 다룬 필자의 다른 책 여기저기에 포함되어 있다. 이 자료들의 대부분은 차트 종합이라는 주제를 직접 다루고 있는 것들이다.

행성 에너지에 음조를 가미하는 요소들

행성들은 저마다 특정 차원의 경험을 상징하는데, 그 경험은 수많은 요소들로 다양한 음조 또는 색조에 물든다. 달리 말하자면 각 행성이 저마다 주어진 환경에서 받는 영향력이 그 행성이 상징하는 차원의 삶에 음조 또는 색조를 부여한다. 그런데 각 행성에 음조와 색조를 부여하는 요소들을 고찰하려고 하면 실제로 엄청나게 많은 사항들이 등장하기 때문에 전체를 한눈에 '알아보기' 위해서는 상당한 정신력이 요구된다. 행성에 영향을 주는 요소들은 대단히 다양하고 그 정보의 양도 엄청나게 많다. 그래서 분석만으로는 그런 미묘한 효과의 차이가 있는 엄청난 양의 정보를 다룰 수 없다.

다음에 예시하는 것들은 모든 행성에 공통적으로 영향을 주는 요소들, 곧 행성이 상징하는 특정한 차원의 경험에 음조 또는 색조를 부여하는 요소들이다.

1. 행성의 싸인: 행성이 조율되어 있는 기본적인 에너지 파동으로, 행성의 에너지가 주로 어떤 양태로 표현되는지를 보여 준다. 다른 요소들은 이 기본적인 에너지 파동을 조절하는 역할을 한다.

2. 행성의 부수 음조: 행성의 디스포지터dispositor(예를 들어, A행성이 들어가 있는 싸인의 룰러가 B행성일 경우 B행성이 A행성의 디스포지터가 된다)가 자리 잡고 있는 '싸인'의 에너지 파동이 부수 음조를 띤다. 디스포지터를 찾을 때는 고대 룰러를 사용한다. 예를 들어 문이 버고에 있고 버고의 룰러인 머큐리가 쌔저테리어스에 있을 경우, 버고 문의 기본 음조에 쌔저테리어스의 부수 음조가 가미되어 있다고 본다.

3. 행성 간의 정확한 어스펙트: 30의 배수로 이루어진 모든 어스펙트를 포함한 메이저 어스펙트는 행성의 에너지 표현에 눈에 띄는 확실

한 영향을 미친다.

4. 행성의 하우스 위치: 예를 들어 비너스가 3번째 하우스에 있다면 비너스가 3번째 하우스의 내추럴 룰러인 머큐리와 어스펙트를 맺은 것과 비슷한 효과가 있다. 그래서 비너스의 기본 음조에 머큐리의 부수 음조가 가미된다.

이 밖에도 수많은 부수 요소들을 검토할 수 있지만, 이미 충분히 복잡한 그림을 더 복잡하게만 만든다. 행성에 영향을 주는 모든 요소들을 한번에 다 고려하는 것은 경험이 쌓이면서 차츰차츰 '단계적으로' 이루어지는 일이다. 차트 전체를 종합하여 한눈에 파악하는 일은 언젠가 가능해진다. 하지만 차트 주인공의 특별한 자질이나 능력이나 인생 문제를 종합적으로 이해하기 위해서는 위에서 언급한 가이드라인 범위 안에서 차트를 리딩하는 연습을 많이 해야 한다. 반복해서 말하지만 처음에는 확실하고 중요한 요소들에만 초점을 맞출 필요가 있다.

예를 들어보자. 어떤 사람의 차트(214쪽 참조)에서 째저테리어스에 있는 문만 살펴보도록 하자. 문은 '반응' 곧 어떤 것에든지 본능적이고 자발적으로 반응하는 기능을 담당한다. 그런데 문이 째저테리어스에 있기 때문에 이 사람이 어떤 상황에 반응하는 양태가 째저테리어스 음조를 띠게 된다. 차트의 다른 요소들이 째저테리어스 문의 기능에 다른 음조를 가미하겠지만, 어쨌거나 이 차트의 주인공은 째저테리어스의 기질을 기본으로 삶의 정황에 반응할 것이다. 무뚝뚝하고 솔직함, 열정적인 자기방어, 넓은 아량, 열정, 관용, 사소한 것보다는 큰 그림에 조율하려고 함, 자기가 믿고 있는 것을 가르치거나 전파하려는 욕구 등 째저테리어스의 특징이 반응하는 양태의 기본을 이룰 것이다. 이렇게 째저테리어스 기질이 반응하는 양태의 지배적인 분위기를 형성하겠지만 앞에서

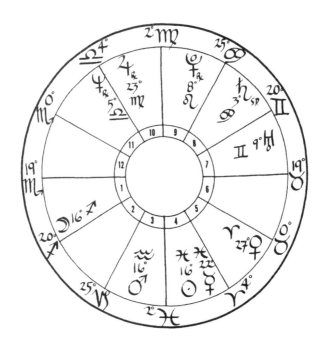

언급했던 다른 요소들도 간략하게 살펴볼 필요가 있다.

　문의 부수 음조: 문의 부수 음조는 버고다. 쌔저테리어스의 룰러인 주피터가 버고에 있기 때문이다. 그러므로 이 사람은 쌔저테리어스 문에 버고의 분석적인 성향이 가미된 문의 소유자다. 버고는 여러 가지 문제를 발견하는 데 능숙하기 때문에, 이 사람의 버고에 있는 주피터는 쌔저테리어스 문을 끊임없이 분석하면서 왜 그렇게 무대포로 낙관적이냐고 끊임없이 의문을 제기할 것이다. 게다가 버고와 쌔저테리어스는 스퀘어이기 때문에 이 두 싸인의 에너지가 활성화될 때 정신적으로 상당히 민감해질 것이다. 이런 식으로 쌔저테리어스 문에 버고의 부수 음조가 가미된다.

문의 어스펙트: 문의 어스펙트 중에서 가장 중요한 것은 파이씨즈 썬과 정확하게 스퀘어를 이룬 것이다. 파이씨즈 썬의 민감성이 다소 무뚝뚝하고 격렬할 수 있는 쌔저테리어스 문을 물들일 것이다. 그래서 열정적이고 낙천적인 성질을 갖고 있는 쌔저테리어스 문에 보다 신중하고 내향적인 파이씨즈 썬의 색조가 늘 가미될 것이다. 문과 섹스타일을 이루고 있는 어퀘리어스에 있는 마스 또한 쌔저테리어스 문에 어퀘리어스의 실험 정신과 참신성을 추구하는 분위기를 선사할 것이다. 그래서 문의 기본적인 반응에 여행을 하고픈 자극적인 충동과 변화와 흥분에 대한 갈망이 담기게 만들 것이다. 이런 성향은 문과 어스펙트를 맺고 있는 또 다른 행성인 유레너스의 영향으로 더욱 증폭될 것이다. 따라서 이 차트의 주인공은 다양함, 여행, 배움, 자극 등 어떤 식으로든 변화가 있을 때 오히려 마음이 편안해지는 것을 느낄 것이다.(썬과 문이 모두 뮤터블 싸인에 있기 때문에, 다양한 변화에 대한 갈망이 클 뿐만 아니라, 변화에 대한 적응성도 대단히 뛰어나겠다는 점도 염두에 둘 필요가 있다.)

쌔저테리어스 문에게 음조를 가미하는 이런 요소들을 종합해 보면 아주 확실한 메시지가 도출된다. 그러나 문의 하우스 위치를 살펴보면 상황이 약간 복잡해진다. 문은 스스로 아주 편안하게 느끼는 2번째 하우스에 있다.(2번째 하우스 커스프에 7도 이내로 접근해 있기 때문에 2번째 하우스에 있는 것으로 본다. 전통적으로 문은 2번째 하우스와 상응하는 토러스에서 그 기능이 향상된다고 본다.) 그런데 토러스와 관련이 있는 2번째 하우스의 기본 음조는 안정이다. 2번째 하우스와 관련이 있는 토러스는 변화를 싫어하고, 습관적으로 반복되는 즐거움에 집착하며, 고집스러운 성질을 갖고 있다. 토러스의 이런 음조가 그와 정반대 성질을 갖고 있는 쌔저테리어스 문에 영향을 주고 있다. 천문 해석을 상담의 도구로 쓰는 사람은 이런 피상담자를 만났을 때 복잡한 성질을 띠고 있는, 일관성이 결여된 여러 가지 중요한 문제들을 만나게 된다.(예를 든 차트의 주인공은 삶의 대부분을 가르치는 일을 하며 보내는 사람이다. 워크숍과 세미나를 하기 위해서 여행도 많이 한다. 상당히 오랜 기간 동안 외국에서 워크숍을 진행하는 경우도 있다. 2번째 하우스에 있는 쎄저테리어스 문과 아주 잘 어울리는 상황이라고 본다.)

인간은 대단히 복잡한 존재다. 따라서 '차트 종합' 또는 '차트 해석'의 끝이 있겠는가? 각 행성들이 서로 얽히고설켜서 대단히 복잡하고 다양한 음조 또는 색조를 연출하기 때문에, 초보자들은 차트가 한 줄로 꿰어지지 않아서 대단히 혼란스러워하며 낙담하는 경우가 많다. 그래서 차트를 리딩할 때는 끝없이 전개되는 가능성의 늪으로 빠져 들어가지 않기 위해서 중요한 문제 곧 주인공이 관련되어 있는 특별한 주제나 문제 또는 당장 결정해야 되는 문제 등에만 초점을 맞출 필요가 있다. 만약 삶 전체를 '완벽하고 철저하게 리딩'하려고 한다면 끝이 없을 것이다. 또한 그런 리딩은 가능하지도 않다. 복잡하기 그지없고, 무한하고, 한순간도 쉬지 않고 변하고 있는 인간 존재의 신비를 어떻게 종합할 수 있겠는가?

출생 차트 테마 이해하기

퍼스널 플래닛의 음조에 영향을 주는 여러 요소를 검토하고 나면 특별히 반복되는 어떤 주제 또는 음조가 드러난다. 차트의 여러 부분에 영향을 미치고 있는 이런 음조를 알아차리는 것이 차트의 테마를 이해하는 첫걸음이다. 차트의 테마를 이해하는 데 아주 효과적인 방법 중에 하나는 차트의 중요한 요소를 '결합'한 '열두 개의 천문 해석 알파벳'을 이용하는 것이다. 필자가 알기로는 지포라 도빈스 박사Zipporah Dobyns, Ph.D., Psychology가 천문 해석 알파벳을 최초로 대중화시킨 사람이다. 이 알파벳이 차트 해석을 단순하게 하는 데 큰 도움이 되며, 특히 학생들에게 차트 종합하는 방법을 가르칠 때 아주 효과가 있다는 것을 경험했다.

천문 해석 알파벳은 다음과 같다.

알파벳 1: 에리즈, 마스, 1번째 하우스

알파벳 2: 토러스, 비너스, 2번째 하우스

알파벳 3: 제머나이, 머큐리, 3번째 하우스

알파벳 4: 캔서, 문, 4번째 하우스

알파벳 5: 리오, 썬, 5번째 하우스

알파벳 6: 버고, 머큐리, 6번째 하우스

알파벳 7: 리브라, 비너스, 7번째 하우스

알파벳 8: 스콜피오, 플루토, 8번째 하우스

알파벳 9: 쌔저테리어스, 주피터, 9번째 하우스

알파벳 10: 캐프리컨, 쌔턴, 10번째 하우스

알파벳 11: 어퀘리어스, 유레너스, 11번째 하우스

알파벳 12: 파이씨즈, 넵튠, 12번째 하우스

예를 들어 어떤 사람의 출생 차트에서 마스가 스콜피오에 있으면서 플루토와 어스펙트를 맺고 있는 경우를 생각해 보자. 이 경우 마스가 스콜피오에 있기 때문에 알파벳 1과 8 사이에 에너지 교환이 일어나서 마스의 에너지 표현에 플루토의 '음조' 또는 '색조'가 가미된다. 또한 마스와 플루토가 어스펙트를 맺고 있기 때문에 역시 알파벳 1과 8 사이에 에너지 교환이 일어난다. 따라서 1과 8 곧 마스와 플루토의 에너지 교환 양상이 두 배로 강조되기 때문에 마스의 에너지 표현에 플루토의 속성이 아주 강하게 채색될 것이다. 만약 마스가 8번째 하우스에 있거나 플루토가 1번째 하우스에 있다면 그 영향은 더욱 더 중요한 특성으로 나타날 것이다.

　이런 종합 방식은 초보자나 중급자에게 특히 도움이 될 터인데, 그런 의미에서 다른 예를 하나 더 들어 보겠다. 어떤 사람의 머큐리가 캐프리컨에 있는 경우를 생각해 보자. 이 사람의 의식적인 마음의 기본적인 성향은 머큐리가 캐프리컨에 있는 다른 '모든' 사람들과 '기본적으로' 같을 수밖에 없다. 그러나 이 사람의 경우 쌔턴이 머큐리와 거의 정확한 어스펙트를 맺고 있다고 가정해 보면 두 가지 다른 강조점이 도출된다. 곧 알파벳 3과 10 또는 이 사람의 차트에서 머큐리의 버고적인 속성이 강조되어 있다면 6과 10 사이에 에너지 상호 교환이 일어난다. 머큐리의 이런 이중의 강조를 통해서 우리가 알 수 있는 것은, 이 사람은 세부적인 것을 정확하게 다루는 성향이 강할 뿐만 아니라 생각하는 방식이 진지하고 현실적일 것이라는 사실이다. (또한 머큐리의 버고적인 속성으로 말미암아) '신경이 늘 긴장되어 있을 수 있고, 생각을 확실한 현실로 만들어 놓기 위해서' 열심히 일을 할 것이라는 예상이 가능하다. 만약 이 사람의 차트에서 3과 10 또는 6과 10 사이의 관계가 다시 나타난다면 (예를 들어 머큐리가 10번째 하우스에 있든지 또는 쌔턴이 3번째나 6번째 하우스에 있다면) 이 사람의 삶에서 이 테마가 더욱 두드러지게 연출될 것이다. 차트에서 이런 상황을 파악한 해석자는 이 중요한 테마를 늘 기억하면서 상담을 진행할 수 있을 것이다.

　천문 해석을 배우는 사람이 어려움을 겪는 또 다른 영역은 다양한 어스펙트로 연결된 여러 행성들이 형성하고 있는 차트 '전체의 구성'을 어떻게 종합적으로 이해하고 해석할 것이냐는 것이다. 풀 수 없는 난제처럼 보이는 이 문제를 극복하기 위해서는 여러 해 동안의 체험과 실습이 필요하다. 그러므로 천문 해석을 배우는 사람은 차트의 전체적인 구성을 한눈에 알아보고, 여러 가지 어스펙트로 연결되어 있는 행성들의 다양한 조합의 의미를 '융합'할 수 있는 능력을 길러야만 한다. 그러나 그랜드 트라인grand trine, T-스퀘어T-square, 그랜드 크로스grand cross, 카이트kite 등 행성들이 형성하고 있는 여러 패턴에 대한 추상적인 이론을 지나치게 강조한 나머지 차트 해석을 실제보다 더 복잡하고 어렵게 만드는 책들이 너무 많다. 그런 세부적인 다양한 요소들은 '하나의 전체 곧 살아 있는 사람'의 다양한 양상을 상징할 뿐이다. 그러므로 패턴보다 훨씬 더 중요한 다음과 같은 두 가지 기본적인 사실을 잊어서는 안 된다.

1. 특별한 어스펙트 패턴(그랜드 트라인, 요드yod, 카이트 등)에 초점을 맞추기 전에 그런 패턴에 연관되어 있는 '행성'들 간의 에너지 교환 양상에 대한 기본적인 이해가 있어야 한다. 그래야만 차트 주인공이 실제 삶의 체험에서 이런 에너지를 어떻게 '경험'할 것인지를 설명할 수 있게 된다. 전통적으로 어떤 패턴은 주인공에게 어려움을 가져다주는 요인으로 작용한다는 견해가 있지만, 그것이 무엇이든 건설적이고 창조적인 경험으로 나타날 수 있다. 특별한 어스펙트로 연결된 행성들의 패턴은 관련된 행성들의 에너지 교환이 '특별히 강하게 표현된다는' 뜻이기 때문이다. 그것을 이해한 다음에는 관련된 행성들이 차지하고 있는 싸인과 싸인 사이의 에너지 교환을 고려해야만 한다.

2. 어떤 패턴이 형성되어 있고 그 패턴에 퍼스널 플래닛이나 어센던트가 포함되어 있다면 거기에 초점을 맞추고 관찰할 필요가 있다. 왜냐하면 퍼스널 플래닛이나 어센던트는 현실에 가장 즉각적으로 표현되는 에너지이기 때문이다. 퍼스널 플래닛이나 어센던트 에너지는 적어도 주인공이 의식할 수 있는 영역에서 작용하기 때문에 일상적인 체험에 직접적인 영향을 미친다. 주인공은 그런 에너지가 자기의 삶에서 작용하

고 있다는 것을 '알 수 있기' 때문에 그 에너지 표현들을 더욱 잘 이해하고 어느 정도 조정할 수도 있다.

마지막으로, 필자는 이 책을 쓰면서 초보자가 어떤 차트든지 차트를 종합적으로 이해하기 위해서 순서대로 따라야 할 '차트 해석에 대한 개요'를 간략하게 정리해 주어야겠다는 충동을 계속 받아 왔다. 물론 가이드라인에서 제시하는 순서만 따른다고 '차트 종합' 능력이 계발되는 것은 아니지만, 처음 배우는 초보자는 어쨌든 어디에선가 시작해서 단계적으로 종합적인 해석에 접근할 필요가 있다. 그래서 필자가 초보자 수업에서 사용하던 개요를 소개한다.

천문 해석의 다양한 구성 요소들을 열심히 공부하다 보면 주인공의 차트와 삶에서 무엇이 주요 테마인지를 자연스럽게 알고, 중요한 요소에 초점을 맞추고 상대적으로 중요하지 않은 요소들은 강조하지 않음으로써 피상담자가 질문하는 내용에 적절한 대답을 해 줄 수 있는 때가 온다. 그런 때가 되면 다음에 제시하는 체계적인 접근 방식에 구애받지 않아도 된다. 하지만 앞에서 말했듯이 어디에선가는 시작을 해야 하기 때문에 다음에 제시하는 개요가 차트의 주요 요소를 찾고 차트의 전체적인 성격을 파악하고 종합하는 데 도움이 될 것이다.

제시하는 개요에는 이 책에서 다루지 않는 몇 가지 요소와 개념이 포함되어 있다. 가이드라인 제시를 목적으로 하였기 때문에 이 책에서 모든 요소를 다룰 수는 없었다. 그러나 이런 개념에 대한 설명은 다른 책이나 사전에서 쉽게 찾을 수 있을 것이다. 그 중에서 거의 모든 개념을 설명해 놓은 니컬러스 디보레Nicholas DeVore의 『Encyclopedia of Astrology』를 추천한다. 이 책은 대단히 포괄적이고 지적이다.

차트 해석 개요

1. 차트 전체에 대한 조망

  1) 행성의 위치가 보여 주는 강약

    ① 행성의 위치에 따라서

      a. 4원소(화, 토, 공, 수)의 강약

      b. 진동 양상(카디널, 픽스드, 뮤터블)의 강약

    ② 하우스 배치에 따라서

      a. 앵귤러, 석시던트, 케이던트의 강약

      b. 4원소(화, 토, 공, 수)의 강약

  2) 차트의 전체적인 패턴에 주목하라. 직관을 사용해서 차트를 에너지 패턴을 보여 주는 도형으로 바라보라. 행성들이 셋 이상 뭉쳐 있는(스텔리움stellium) 곳은 그 싸인과 하우스가 특별히 강조되어 있는 곳이기 때문에 주의를 기울여야 한다.

2. 차트를 구성하는 주요 요소들

  1) 천문 해석 알파벳을 사용해서 반복되는 주요 테마가 있는지 살펴보라. 특별히 지배적인 음조가 있는지 찾아보라.

  2) 두드러지는 어스펙트 패턴과 주요 구성 형태(그랜드 트라인, T-스퀘어, 스텔리움, 여러 개의 행성이 두 싸인에서 복합적으로 맺고 있는 어스펙트 등)를 살펴보라.

3. 썬과 문

  1) 썬 싸인과 문 싸인의 원소 친화성 여부

  2) 썬

① 싸인

② 하우스

③ 정확한 어스펙트

3) 문

① 싸인

② 하우스

③ 정확한 어스펙트

4. 어센던트와 미드헤븐

(이 요소를 사용하기 위해서는 출생 시간이 정확해야 함.)

1) 어센던트나 미드헤븐에 컨정션된 행성이 있는지 본다. 이 행성
은 힘이 상당히 강력하게 증폭된다.

2) 어센던트

① 싸인과 썬 싸인 원소와의 친화성 여부

② 정확한 어스펙트

③ 어센던트 룰러의 싸인과 하우스와 어스펙트

3) 미드헤븐

① 싸인

② 정확한 어스펙트

③ 미드헤븐 룰러의 싸인과 하우스

5. 행성의 강약을 판단하는 전통적인 기법

1) 각 행성은 들어가 있는 싸인에 따라서 그 힘이 강해지기도 하
고 약해지기도 하는데(디그니티dignity, 폴fall, 에그절테이션exaltation, 디
트리먼트detriment), 그 상황이 어떤지를 보라.

2) 행성들은 들어가 있는 하우스에 따라서 그 힘이 강해지기도 하고 약해지기도 하는데 그 상황이 어떤지를 보라.(예를 들어 어떤 행성이 자신이 다스리는 하우스에 들어가 있다면 같은 알파벳이 반복되며, 그 힘이 특히 강해진다.)

3) 썬 싸인의 룰러가 어느 싸인 어떤 하우스에 들어가 있고 어스펙트 상황은 어떤지를 보라.

6. 차트 구조에서 축이 되는 요소

1) 어떤 행성과 정확하게 스퀘어나 어퍼지션이 되어 있는 퍼스널 플래닛이 있는지를 보라. 만약 있다면 주인공의 삶에 중요한 도전으로 작용하며, 이 도전을 극복하려고 노력하는 과정에서 새로운 자각을 성취할 가능성이 있다.

2) 퍼스널 플래닛이 맺고 있는 정확한 어스펙트와 컨정션을 살펴보라. 관련된 행성들의 싸인과 하우스를 함께 유심히 살펴보라.

3) 1번째 하우스에 있는 행성은 그 힘이 대단히 강하다. (12번째 하우스에서 어센던트에 근접해 있는 행성을 포함해서) 어센던트에 가까이 붙어 있을수록 더 강해진다.

4) 쌔턴의 하우스는 언제나 중요하다.

Chart Interpretation Handbook

Copyright © 1989 by Stephen Arroyo
All rights reserved.
Korean translation copyright © 2021 Beyond the Rainbow Bridge
Published by arrangement with CRCS Publishing through
Sibylle Books Literary Agency, Korea.

이 책의 한국어판 저작권은 시빌 에이전시를 통해 저작권자와 독점 계약한
무지개다리너머에 있습니다. 저작권법에 의해 한국 내에서 보호를 받는
저작물이므로 무단 전재와 무단 복제를 금합니다.

출생 차트 해석하기

1판 1쇄 발행일 | 2021년 7월 12일

지은이 스티븐 아로요 | **옮긴이** 정창영
펴낸이 권미경 | **펴낸곳** 무지개다리너머 | **주소** 서울시 은평구 응암로 310, 501호
전화 02-357-5768 | **팩스** 0504-367-7201 | **이메일** beyondbook7@gmail.com
블로그 blog.naver.com/brbbook | **등록번호** 제25100-2016-000014호(2016. 2. 4.)
ISBN 979-11-90025-03-4 03180

이 책의 어느 부분도 펴낸이의 서면 동의 없이 어떤 수단으로도 복제하거나
유포할 수 없습니다. 잘못된 책은 구입하신 곳에서 교환해 드립니다.